ΜΑΘΑΙΝΩ ΙΣΠΑΝΙΚΑ
ΚΕΙΜΕΝΑ ΚΑΙ ΔΙΑΛΟΓΟΙ

APRENDO ESPAÑOL
TEXTOS Y DIÁLOGOS

Niveles: A1-B2

Autora: **María Karrá**

Edición: **FRESNEL PRESS**
12781 Orange Grove Blvd
West Palm Beach, FL 33411

Copyright © 2024 FRESNEL PRESS

Todos los derechos reservados, incluido el derecho a la reproducción total o parcial de esta obra por cualquier medio o procedimiento.

Impreso en los Estados Unidos de América
ISBN: 978-1-958312-20-9

Tabla de contenido - Περιεχόμενα

Λίγα λόγια για το βιβλίο και τη συγγραφέα 1
Σημείωση για τον μαθητή 2
Abreviaturas - Συντομογραφίες 3

Introducción 4
Εισαγωγή 5
    VOCABULARIO – ΛΕΞΙΛΟΓΙΟ 6

Capítulo 1. Qué hacemos los domingos 8
Κεφάλαιο 1. Τι κάνουμε τις Κυριακές 9
    VOCABULARIO – ΛΕΞΙΛΟΓΙΟ 12
    EJERCICIOS – ΑΣΚΗΣΕΙΣ 15
    RESPUESTAS A LOS EJERCICIOS – ΛΥΣΕΙΣ ΤΩΝ ΑΣΚΗΣΕΩΝ 21

Capítulo 2. Está lloviendo 22
Κεφάλαιο 2. Βρέχει 23
    VOCABULARIO – ΛΕΞΙΛΟΓΙΟ 26
    EJERCICIOS – ΑΣΚΗΣΕΙΣ 29
    RESPUESTAS A LOS EJERCICIOS – ΛΥΣΕΙΣ ΤΩΝ ΑΣΚΗΣΕΩΝ 35

Capítulo 3. ¡Nos estamos mudando! 36
Κεφάλαιο 3. Μετακομίζουμε! 37
    VOCABULARIO – ΛΕΞΙΛΟΓΙΟ 42
    EJERCICIOS – ΑΣΚΗΣΕΙΣ 45
    RESPUESTAS A LOS EJERCICIOS – ΛΥΣΕΙΣ ΤΩΝ ΑΣΚΗΣΕΩΝ 50

Capítulo 4. Pasatiempos 52
Κεφάλαιο 4. Τα χόμπι 53
    VOCABULARIO – ΛΕΞΙΛΟΓΙΟ 56
    EJERCICIOS – ΑΣΚΗΣΕΙΣ 59
    RESPUESTAS A LOS EJERCICIOS – ΛΥΣΕΙΣ ΤΩΝ ΑΣΚΗΣΕΩΝ 66

Capítulo 5. Nuestro patio 68
Κεφάλαιο 5. Ο κήπος μας 69
    VOCABULARIO – ΛΕΞΙΛΟΓΙΟ 72
    EJERCICIOS – ΑΣΚΗΣΕΙΣ 75
    RESPUESTAS A LOS EJERCICIOS – ΛΥΣΕΙΣ ΤΩΝ ΑΣΚΗΣΕΩΝ 81

Capítulo 6. ¿Dónde trabajas? 82
Κεφάλαιο 6. Πού δουλεύεις; 83
    VOCABULARIO – ΛΕΞΙΛΟΓΙΟ..88
    EJERCICIOS – ΑΣΚΗΣΕΙΣ 91
    RESPUESTAS A LOS EJERCICIOS – ΛΥΣΕΙΣ ΤΩΝ ΑΣΚΗΣΕΩΝ 96

Capítulo 7. ¿Qué vamos a comer hoy? 98
Κεφάλαιο 7. Τι θα φάμε σήμερα; 99
    VOCABULARIO – ΛΕΞΙΛΟΓΙΟ..104
    EJERCICIOS – ΑΣΚΗΣΕΙΣ 108
    RESPUESTAS A LOS EJERCICIOS – ΛΥΣΕΙΣ ΤΩΝ ΑΣΚΗΣΕΩΝ 114

Capítulo 8. ¿Qué quieres ser cuando seas grande? 116
Κεφάλαιο 8. Τι θέλεις να γίνεις όταν μεγαλώσεις; 117
    VOCABULARIO – ΛΕΞΙΛΟΓΙΟ..122
    EJERCICIOS – ΑΣΚΗΣΕΙΣ 126
    RESPUESTAS A LOS EJERCICIOS – ΛΥΣΕΙΣ ΤΩΝ ΑΣΚΗΣΕΩΝ 131

Capítulo 9. ¡Tenemos perro! 132
Κεφάλαιο 9. Έχουμε σκύλο! 133
    ΛΕΞΙΛΟΓΙΟ – ΛΕΞΙΛΟΓΙΟ..138
    EJERCICIOS – ΑΣΚΗΣΕΙΣ 141
    RESPUESTAS A LOS EJERCICIOS – ΛΥΣΕΙΣ ΤΩΝ ΑΣΚΗΣΕΩΝ 147

Capítulo 10. La televisión 148
Κεφάλαιο 10. Η τηλεόραση 149
    VOCABULARIO – ΛΕΞΙΛΟΓΙΟ..154
    EJERCICIOS – ΑΣΚΗΣΕΙΣ 157
    RESPUESTAS A LOS EJERCICIOS – ΛΥΣΕΙΣ ΤΩΝ ΑΣΚΗΣΕΩΝ 164

Λίγα λόγια για το βιβλίο και τη συγγραφέα

Αυτό το βιβλίο έχει γραφτεί για την εκμάθηση της ισπανικής γλώσσας και απευθύνεται σε μαθητές βασικού και μέτριου επιπέδου. Συγκεκριμένα, καλύπτει τα επίπεδα Α1-Β2. Μπορεί να χρησιμοποιηθεί είτε στην τάξη είτε ως μέθοδος αυτοδιδασκαλίας. Είναι γραμμένο σε γλώσσα καθημερινή και σύγχρονη, με ρεαλιστικούς διαλόγους και κείμενα με θέματα από την καθημερινή ζωή.

Τα κείμενα και οι διάλογοι αφορούν σε μια τυπική ισπανική οικογένεια. Κάθε κεφάλαιο αποτελείται από τα ακόλουθα τμήματα:

- ένα κείμενο ή διάλογο, με αυξανόμενη δυσκολία καθώς προχωράμε από το ένα κεφάλαιο στο άλλο,
- το ίδιο κείμενο μεταφρασμένο στα ελληνικά,
- εκτενές λεξιλόγιο με τις λέξεις όπως εμφανίζονται στο κείμενο αλλά και στην αρχική τους μορφή (π.χ. εάν υπάρχει το ρήμα «iremos» στο κείμενο, αναφέρεται ότι σημαίνει «θα πάμε» και διευκρινίζεται ότι προέρχεται από το ρήμα «ir»),
- ερωτήσεις κατανόησης (πολλαπλών επιλογών και Σωστό/Λάθος),
- ασκήσεις γραμματικής, λεξιλογίου και σύνταξης,
- λύσεις των ασκήσεων.

Η συγγραφέας Μαρία Καρρά είναι μηχανικός αεροδιαστημικής και έχει περισσότερα από 25 χρόνια πείρας ως μεταφράστρια τεχνικών κειμένων στα ισπανικά, τα αγγλικά, τα γαλλικά και τα ελληνικά. Έχει συνεργαστεί με αεροδιαστημικούς οργανισμούς, εταιρείες κατασκευής αεροσκαφών, ελληνικά προξενεία στις ΗΠΑ, το Υπουργείο Άμυνας των ΗΠΑ και την Ευρωπαϊκή Επιτροπή, μεταξύ άλλων. Έχει επίσης σπουδάσει γλωσσολογία, με εξειδίκευση στην εκμάθηση ξένων γλωσσών. Η Μαρία γεννήθηκε στη Θεσσαλονίκη. Έχει ζήσει και εργαστεί στις Βρυξέλλες, το Παρίσι, το Μπουένος Άιρες, τη Βοστώνη και το Μαϊάμι. Ζει με την οικογένειά της τον μισό χρόνο στο Μαϊάμι και τον μισό στη Γρανάδα της Ισπανίας.

Σημείωση για τον μαθητή:

Τα ισπανικά κείμενα αυτού του βιβλίου συνοδεύονται από τη μετάφρασή τους στα ελληνικά. Είναι πολύ δύσκολο – και συνήθως αδύνατο – να μεταφράσουμε ένα κείμενο λέξη προς λέξη και παράλληλα να διατηρήσουμε το αρχικό νόημα. Γι' αυτό, άλλωστε, στον κόσμο της μετάφρασης λέμε ότι δεν μεταφράζουμε λέξεις από μια γλώσσα στην άλλη, αλλά το νόημα, το μήνυμα. Συνεπώς, θα δεις ότι κάποιες φορές μια λέξη ή φράση στο ελληνικό κείμενο δεν αντιστοιχεί 100% στο ισπανικό. Για παράδειγμα, στα ισπανικά λέμε «entre la espada y la pared», που κυριολεκτικά σημαίνει «ανάμεσα στο σπαθί και στον τοίχο». Στα ελληνικά, όμως, λέμε «μπρος γκρεμός και πίσω ρέμα». Στην ελληνική μετάφραση έχω γράψει αυτό που λέμε στα ελληνικά. Στα ισπανικά θα πούμε «aprendo a tocar el piano» ενώ στα ελληνικά δεν χρειάζεται να πούμε «μαθαίνω να παίζω πιάνο», μπορούμε να πούμε απλώς «μαθαίνω πιάνο». Άλλο παράδειγμα: στα ισπανικά λέμε «¡De ninguna manera!» ή «¡De ninguna forma!» που κατά λέξη σημαίνει «Με κανέναν τρόπο!», αλλά σε ένα από τα κείμενα του βιβλίου όπου εμφανίζεται αυτή η φράση, ταιριάζει περισσότερο το «Με τίποτα!» και γι' αυτό το μετέφρασα έτσι, ενώ σε ένα άλλο κείμενο που εμφανίζεται το «De ninguna manera», η καλύτερη απόδοση που ταιριάζει στα ελληνικά είναι «Αποκλείεται». Προς αποφυγή σύγχυσης (και για να δεις π.χ. ότι «manera» σημαίνει «τρόπος» παρόλο που δεν υπάρχει η λέξη «τρόπος» στο ελληνικό κείμενο), έχω συμπεριλάβει εκτενές λεξιλόγιο σε κάθε κεφάλαιο, ώστε να κατανοήσεις πλήρως το νόημα του ισπανικού κειμένου αλλά και κάθε λέξης ξεχωριστά.

Θα παρατηρήσεις επίσης ότι στο λεξιλόγιο αναφέρω κάποιες διαφορές ανάμεσα στα ισπανικά της Ισπανίας και της Λατινικής Αμερικής. Ωστόσο στα κείμενα έπρεπε να διαλέξω αν θα γράψω vosotros ή ustedes, piscina ή pileta, olvidaros ή olvídense κ.λπ. Αποφάσισα να χρησιμοποιήσω τα ισπανικά που μιλιούνται στην Ισπανία, απλώς επειδή αυτά μαθαίνουμε περισσότερο στην Ελλάδα.

Σε ευχαριστώ πολύ που επέλεξες το βιβλίο μου. Εύχομαι να σου φανεί χρήσιμο και διασκεδαστικό!

Μαρία Καρρά

Abreviaturas - Συντομογραφίες

αντ.	αντίθετο
αρσ.	αρσενικό
ενικ.	ενικός
επίθ.	επίθετο
επίρ.	επίρρημα
θηλ.	θηλυκό
Λατ. Αμερ.	Λατινική Αμερική
ουσ.	ουσιαστικό
πληθ.	πληθυντικός
ρ.	ρήμα
συν.	συνώνυμο
υποτ.	υποτακτική (subjuntivo)

Introducción

Carlos y Pablo son **mellizos**. **Viven** en Valencia con su mamá, María, y su papá, Alejandro. Van a la **escuela primaria**. En cada **capítulo** de este libro, **aprendemos** algo de su vida.

Εισαγωγή

Ο Κάρλος και ο Πάμπλο είναι **δίδυμα** αδέλφια. **Ζουν** στη Βαλένθια με τη μαμά τους, τη Μαρία, και τον μπαμπά τους, τον Αλεχάντρο. Πηγαίνουν στο **δημοτικό**. Σε κάθε **κεφάλαιο** αυτού του βιβλίου **μαθαίνουμε** κάτι για τη ζωή τους.

VOCABULARIO – ΛΕΞΙΛΟΓΙΟ

mellizos = δίδυμοι *(εννοείται:* hermanos mellizos*)*	*επίθ.* mellizo – melliza
	χρησιμοποιείται και ως ουσιαστικό:
	  el mellizo – la melliza
	  los mellizos – las mellizas
	mellizos = gemelos fraternos = gemelos dicigóticos = διζυγωτικά δίδυμα
	gemelos = gemelos idénticos = μονοζυγωτικά (όμοια) δίδυμα

viven = ζουν	*ρ.* vivir = ζω *(και με την έννοια του μένω, κατοικώ)* la vida = η ζωή
la escuela primaria = το δημοτικό	la escuela = το σχολείο la escuela secundaria = γυμνάσιο-λύκειο (δευτεροβάθμια εκπαίδευση)
el capítulo = το κεφάλαιο	
aprendemos = μαθαίνουμε	*ρ.* aprender = μαθαίνω

Capítulo 1

Qué hacemos los domingos

La mamá de Carlos y Pablo nos cuenta qué hacen los domingos.

El domingo **que viene pienso llevar** a los **niños** al **parque infantil**. Vamos casi todos los **fines de semana** porque les gusta muchísimo. Juegan en los **columpios**, en el **balancín** y en el **tobogán**, y corren **por todas partes**. Yo también **disfruto** mucho del parque. Me siento en un **banquito** con un café o un **zumo** en la mano y **descanso** mientras miro a los niños **jugar** y **divertirse**. **A veces** encontramos ahí a unos amigos de ellos de la escuela, que viven cerca. **Lo difícil es** cuando llega la hora de volver a casa. Los niños no quieren irse **de ninguna manera. Se quejan** y lloran para que nos quedemos un poco más en el parque.

Κεφάλαιο 1
Τι κάνουμε τις Κυριακές

Η μαμά του Κάρλος και του Πάμπλο μάς λέει τι κάνουν τις Κυριακές.

Την **επόμενη** Κυριακή το απόγευμα, **σκέφτομαι να πάω** τα **παιδιά** στην **παιδική χαρά**. Πηγαίνουμε σχεδόν κάθε **σαββατοκύριακο** γιατί τους αρέσει πάρα πολύ. Κάνουν **κούνια**, **τραμπάλα**, **τσουλήθρα** και τρέχουν **πέρα δώθε**. Κι εγώ **περνάω πολύ ωραία** στην παιδική χαρά. Κάθομαι στο **παγκάκι** με έναν καφέ ή έναν χυμό στο χέρι και **ξεκουράζομαι** καθώς βλέπω τα παιδιά να **παίζουν** και να **διασκεδάζουν**. **Μερικές φορές** συναντάμε εκεί μερικούς φίλους τους από το σχολείο, που μένουν εκεί κοντά. **Το δύσκολο είναι** όταν έρχεται η ώρα να γυρίσουμε στο σπίτι. Τα παιδιά δεν θέλουν **με τίποτα** να φύγουν! **Γκρινιάζουν** και κλαίνε για να μείνουμε λίγο ακόμα στην παιδική χαρά.

En verano, **en lugar de** ir al parque, vamos a la playa. Ahí los niños hacen **exactamente** lo mismo; **es decir**, no quieren irse de ninguna forma. Juegan en la **arena**, hacen **castillos** y **recogen conchas de mar**. Yo los miro mientras **tomo el sol**. Pero cuando **quieren** meterse en el agua, nos metemos todos juntos. Los niños usan **salvavidas**. Yo **sé nadar** muy bien y **el año que viene** les voy a enseñar a ellos también. Los tres disfrutamos muchísimo del mar. **En cambio**, Alejandro, mi **esposo**, no viene nunca con nosotros, no le gusta la playa. **Así que** vamos solamente los niños y yo. **Afortunadamente**, en nuestra **zona** el agua está muy limpia. Por eso nos gusta tanto y siempre nos quedamos **al menos** dos horas en la playa. Por supuesto, los niños siempre quieren quedarse más tiempo. **No se cansan** del agua y de la arena. Cuando **se acerca la hora** de irnos, **solemos hacer una parada** en la **heladería** de Don Jorge **de camino a** casa y compramos helado. A Carlos le gusta de **fresa**, a Pablo de **chocolate** y a mí de **vainilla**. No hay nada más **agradable** que un helado después de dos horas bajo el sol **ardiente**.

Το καλοκαίρι, αντί να πάμε στην παιδική χαρά, πηγαίνουμε στη θάλασσα. Κι εκεί τα παιδιά κάνουν **ακριβώς** το ίδιο, **δηλαδή** δε θέλουν με τίποτα να φύγουν. Παίζουν στην **άμμο**, φτιάχνουν **κάστρα** και μαζεύουν **κοχύλια**. Εγώ τους κοιτάζω κάνοντας **ηλιοθεραπεία**. Όταν, όμως, θέλουν να μπουν στο νερό, μπαίνουμε όλοι μαζί. Τα παιδιά φοράνε **σωσίβιο**. Εγώ **ξέρω να κολυμπάω** πολύ καλά και **του χρόνου** θα μάθω και στα παιδιά. Και οι τρεις μας την απολαμβάνουμε πολύ τη θάλασσα. **Αντίθετα**, ο Αλεχάντρο, **ο σύζυγός** μου, δεν έρχεται ποτέ μαζί μας, δεν του αρέσει η παραλία. **Κι έτσι**, πηγαίνουμε μόνο τα παιδιά κι εγώ. **Ευτυχώς** εδώ στην **περιοχή** μας το νερό είναι πολύ καθαρό. Γι' αυτό μας αρέσει τόσο πολύ και πάντα καθόμαστε **τουλάχιστον** δύο ώρες στην παραλία. Τα παιδιά, φυσικά, πάντα θέλουν να μείνουν **περισσότερο**. **Δε χορταίνουν** τη θάλασσα και το παιχνίδι **στην άμμο**. Όταν **έρχεται η ώρα να** φύγουμε, **συνήθως κάνουμε μια στάση** στο **παγωτατζίδικο** του κυρ-Χόρχε **στον δρόμο** για το σπίτι και αγοράζουμε παγωτό. Στον Κάρλος αρέσει η **φράουλα**, στον Πάμπλο η **σοκολάτα** και σ' εμένα η **βανίλια**. Δεν υπάρχει τίποτα πιο **απολαυστικό** από ένα παγωτό μετά από δυο ώρες στον **καυτό** ήλιο.

VOCABULARIO – ΛΕΞΙΛΟΓΙΟ

que viene = επόμενος, -η, -ο	*συν.:* próximo – próxima
pienso llevar = σκέφτομαι να πάω (κάποιον/κάτι κάπου)	pensar + infinitivo = σκέφτομαι να (κάνω κάτι)
los niños = τα παιδιά	*ενικ.:* el niño – la niña
el parque infantil = η παιδική χαρά	el parque = πάρκο
los fines de semana = τα σαββατοκύριακα	*ενικός:* el fin de semana
los columpios = οι κούνιες	*ενικός:* el columpio
el balancín = η τραμπάλα	*στη Λατινική Αμερική:* el subibaja
el tobogán = η τσουλήθρα	
por todas partes = παντού, πέρα δώθε	
disfruto = απολαμβάνω	*ρ.:* disfrutar
el banquito = το παγκάκι	*υποκοριστικό του* el banco
el zumo = ο χυμός	*Λατ. Αμερ.:* el jugo
descanso = ξεκουράζομαι	*ρ.:* descansar *αντ.:* cansarse = κουράζομαι
jugar = παίζω	
divertirse = διασκεδάζω	
a veces = μερικές φορές	
lo difícil es... = το δύσκολο είναι ...	
de ninguna manera = με τίποτα, με κανέναν τρόπο	la manera = ο τρόπος
se quejan = διαμαρτύρονται, γκρινιάζουν	*ρ.:* quejarse
en verano = το καλοκαίρι	
en lugar de = αντί να, αντί για	*συν.:* en vez de
exactamente = ακριβώς	
es decir = δηλαδή	

la arena = η άμμος	
los castillos = τα κάστρα	ενικ.: el castillo
recogen = μαζεύουν	ρ.: recoger = μαζεύω, συμμαζεύω
las conchas de mar = τα κοχύλια	εν.: la concha de mar
tomo el sol = κάνω ηλιοθεραπεία	tomar el sol
el salvavidas = σωσίβιο	από τις λέξεις: salvar (σώζω) + vida (ζωή)
sé nadar = ξέρω να κολυμπάω	
el año que viene = του χρόνου	
en cambio = αντιθέτως	
el esposo = ο σύζυγος	la esposa = η σύζυγος
así que = κι έτσι	
afortunadamente = ευτυχώς	
la zona = περιοχή	
al menos = τουλάχιστον	
no se cansan = δεν χορταίνουν, δεν κουράζονται	cansarse de… = κουράζομαι να…
se acerca la hora = πλησιάζει η ώρα, έρχεται η ώρα	
solemos = συνηθίζουμε να …	ρ.: soler
hacer una parada = κάνω μια στάση	
la heladería = το παγωτατζίδικο	el helado = το παγωτό
de camino a = στον δρόμο για	el camino = ο δρόμος
la fresa = η φράουλα	
el chocolate = η σοκολάτα	
la vainilla = η βανίλια	
agradable = απολαυστικό, ευχάριστο	
ardiente = καυτός, -ή, -ό	

NOTAS – ΣΗΜΕΙΩΣΕΙΣ

EJERCICIOS – ΑΣΚΗΣΕΙΣ

1. ¿Verdadero o falso? – Σωστό ή λάθος;

		Verdadero **Σωστό**	**Falso** **Λάθος**
a.	María lleva a los niños al parque casi todos los días.	☐	☐
b.	En el parque hay balancines y toboganes.	☐	☐
c.	Los niños se sientan en un banquito y toman zumo.	☐	☐
d.	En primavera, María lleva a los niños a la playa.	☐	☐
e.	En la playa, los niños juegan en la arena.	☐	☐
f.	En el agua, los niños usan salvavidas.	☐	☐
g.	María no sabe nadar muy bien.	☐	☐
h.	El agua del mar en la zona no está limpia.	☐	☐
i.	María y los niños se quedan al menos tres horas en la playa.	☐	☐
j.	A Carlos le gusta el helado de fresa.	☐	☐

2. Escribe las palabras en plural. – Γράψε τις λέξεις στον πληθυντικό.

a. el fin de semana   _____

b. el columpio   _____

c. el banquito   _____

d. el café   _____

e. la escuela   _____

f. el verano   _____

g. la playa   _____

h. la hora   _____

i. la zona   _____

j. el camino   _____

3. Escribe las palabras en singular. – Γράψε τις λέξεις στον ενικό.

a. los domingos _____

b. los niños _____

c. los amigos _____

d. las veces _____

e. las horas _____

f. los castillos _____

g. las conchas de mar _____

h. los helados _____

4. Completa los espacios en blanco con el verbo correcto. – Συμπλήρωσε τα κενά με το σωστό ρήμα.

> gusta - juegan - compramos - sé - se cansan - quieren - disfrutamos - vamos - está - me siento

a. Los niños no _____ de ninguna manera irse del parque.

b. Yo _____ en un banquito con mi café en la mano.

c. En verano, en vez de ir al parque, _____ a la playa.

d. Los niños _____ en la arena y hacen castillos.

e. Yo no uso salvavidas porque _____ nadar muy bien.

f. De camino a casa, hacemos una parada en la heladería y _____ helados.

g. Los niños no _____ de jugar en la arena.

h. A Carlos le _____ la fresa y a mí la vainilla.

i. La playa en nuestra zona _____ muy limpia.

j. Los niños y yo _____ mucho de la playa.

5. Pon las palabras en el orden correcto para formar frases. – Βάλε τις λέξεις στη σωστή σειρά για να φτιάξεις προτάσεις.

a. | todos – al – casi – vamos – parque – domingos – los |

b. | el – playa – a – vamos – verano – la – en |

c. | de – a – amigos – encontramos – unos – veces – niños – los |

d. | arena – los – en – niños – juegan – la – cansarse – sin |

e. | el – sol – niños – a – los – mientras – miro – yo – tomo |

f. | los – conchas de mar – hacen – recogen – y – castillos – niños |

g. | helado – parar – comprar – solemos – y – en – la – heladería |

h. | helado – que – nada – agradable – un – más – hay – no |

Fin del 1.ᵉʳ capítulo

¡Felicidades!

RESPUESTAS A LOS EJERCICIOS – ΛΥΣΕΙΣ ΤΩΝ ΑΣΚΗΣΕΩΝ

1. a. Falso, b. Verdadero, c. Falso, d. Falso, e. Verdadero, f. Verdadero, g. Falso, h. Falso, i. Falso, j. Verdadero

2. a. los fines de semana, b. los columpios, c. los banquitos, d. los cafés, e. las escuelas, f. los veranos, g. las playas, h. las horas, i. las zonas, j. los caminos

3. a. el domingo, b. el niño, c. el amigo, d. la vez, e. la hora, f. el castillo, g. la concha de mar, h. el helado

4. a. quieren, b. me siento, c. vamos, d. juegan, e. sé, f. compramos, g. se cansan, h. gusta, i. está, j. disfrutamos

5. a. Vamos al parque casi todos los domingos. / Casi todos los domingos, vamos al parque.
   b. En verano vamos a la playa.
   c. A veces encontramos unos amigos de los niños.
   d. Los niños juegan en la arena sin cansarse.
   e. Yo miro a los niños mientras tomo el sol. / Yo tomo el sol mientras miro a los niños.
   f. Los niños hacen castillos y recogen conchas de mar.
   g. Solemos parar en la heladería y comprar helado.
   h. No hay nada más agradable que un helado.

Capítulo 2

Está lloviendo

Hoy ha estado lloviendo **todo el** día. No **ha parado del todo** desde la mañana. Pablo y Carlos quieren salir al **jardín** a jugar, pero su madre no les **deja**.

Pablo: Mamá, déjanos salir un ratito fuera.

Mamá: ¡**De ninguna manera**! Os vais a **empapar**. ¿No veis que está **lloviendo a cántaros**? ¿No oís los **truenos**?

Así que los dos hermanitos **se han encerrado en casa**. Han visto un poco de televisión, **dibujos animados**. ¡**Adoran** los **pitufos**! Luego hicieron un **rompecabezas**. Pero se **aburrieron**. Empezaron a quejarse.

Carlos: ¡Ya! ¡**Basta**! ¿Cuándo va a parar la lluvia?

Mamá: **Me temo** que estará lloviendo hasta muy tarde. Pero mañana va a **estar soleado**. Podemos ir al parque.

Pablo: ¡Sí! ¡Qué idea más **genial**! ¡Podemos llevar nuestras **bicicletas**!

Κεφάλαιο 2

Βρέχει

Σήμερα βρέχει **όλη μέρα**. Από το πρωί δεν **έχει σταματήσει καθόλου**. Ο Πάμπλο και ο Κάρλος θέλουν να βγουν στην **αυλή** να παίξουν, αλλά η μαμά τους δεν τους **αφήνει**.

Πάμπλο: Μαμά, άσε μας να βγούμε λίγο έξω.

Μαμά: **Αποκλείεται! Θα γίνετε παπάκια!** Δε βλέπετε ότι ρίχνει **καρεκλοπόδαρα**; Τις **βροντές** δεν τις ακούτε;

Κι έτσι τα δύο αδελφάκια **έχουν κλειστεί στο σπίτι**. Είδαν λίγη τηλεόραση, **κινούμενα σχέδια**. **Λατρεύουν** τα **Στρουμφάκια**! Μετά έκαναν **παζλ**. Αλλά **βαρέθηκαν**. Άρχισαν να γκρινιάζουν.

Κάρλος: Άντε, φτάνει! Πότε θα σταματήσει η βροχή;

Μαμά: **Φοβάμαι ότι** θα βρέχει μέχρι αργά το βράδυ. Αύριο, όμως, θα κάνει **λιακάδα**. Μπορούμε να πάμε στην παιδική χαρά.

Πάμπλο: Ναι! **Καταπληκτική ιδέα**! Να πάρουμε και τα **ποδήλατά** μας!

Mamá: **¿Por qué no?**

Carlos: ¿Podemos ir a la playa?

Mamá: **No creo**.

Carlos: Pero **dijiste** que va a hacer sol.

Mamá: Esto no **significa** que va a hacer **calor**. **Todavía** no ha llegado el verano.

Carlos: ¿**Entonces** iremos solamente al parque?

Mamá: Sí, pero nos podemos quedar todo el tiempo **que queráis**.

Pablo: **¡Perfecto**! Nos llevaremos **el balón de baloncesto** también.

Mamá: Bicicletas, balón de baloncesto ¡y **abrigos**! Como os dije, hará frío.

Carlos: **Vale**, vale. Abrigos también. Ya, mamá, ¡**como si** fuera invierno!

Pablo: Sí, mami. **Exageras**.

Mamá: **Prefiero** exagerar a teneros **constipados** después.

Μαμά:	**Γιατί όχι;**
Κάρλος:	Μπορούμε να πάμε στη θάλασσα;
Μαμά:	**Δε νομίζω.**
Κάρλος:	Μα **είπες** ότι θα κάνει λιακάδα!
Μαμά:	Αυτό δε **σημαίνει** ότι θα κάνει **ζέστη**. Ακόμα δεν έχει μπει το καλοκαίρι.
Κάρλος:	**Δηλαδή** θα πάμε μόνο στην παιδική χαρά;
Μαμά:	Ναι. Αλλά μπορούμε να κάτσουμε όσο **θέλετε**.
Πάμπλο:	Τέλεια! Να πάρουμε και τη **μπάλα του μπάσκετ**.
Μαμά:	Ποδήλατα, μπάλα του μπάσκετ και **μπουφάν**! Είπαμε, θα κάνει ψύχρα.
Κάρλος:	**Καλά**, καλά. Και μπουφάν. Αμάν βρε μαμά, **λες και** είναι **χειμώνας**!
Πάμπλο:	Ναι, μαμά, **υπερβάλλεις**.
Μαμά:	**Προτιμώ να** υπερβάλλω παρά να σας έχω **συναχωμένους** μετά.

VOCABULARIO – ΛΕΞΙΛΟΓΙΟ

todo el día = όλη μέρα	*συν.:* el día entero
ha parado = έχει σταματήσει	parar = σταματάω (να κάνω κάτι) pararse = σταματάω (αμετάβατο), σηκώνομαι όρθιος estar parado = estar de pie = είμαι όρθιος
del todo = καθόλου	
el jardín = η αυλή, ο κήπος	
deja = αφήνει	*ρ.:* dejar = αφήνω
el ratito = η στιγμούλα	*υποκοριστικό του* el rato = η στιγμή
de ninguna manera = αποκλείεται, με τίποτα	
os vais a empapar = θα γίνετε μούσκεμα	*ρ.:* empaparse = γίνομαι μούσκεμα empapar = μουλιάζω
lloviendo a cántaros = βρέχει καρεκλοπόδαρα	el cántaro = η στάμνα, το κανάτι
los truenos = οι βροντές	*ενικ.:* el trueno
se han encerrado en casa = έχουν κλειστεί στο σπίτι	encerrarse en casa = κλείνομαι στο σπίτι
los dibujos animados = τα κινούμενα σχέδια	el dibujo = το σχέδιο
adoran = λατρεύουν	*ρ.:* adorar
los Pitufos = τα Στρουμφ	
el rompecabezas = το παζλ, η σπαζοκεφαλιά	*από τις λέξεις:* romper(se) = σπάω + cabeza = κεφάλι
se aburrieron = βαρέθηκαν	*ρ.:* aburrirse = βαριέμαι
basta = φτάνει, αρκετά	
me temo que... = φοβάμαι πως ...	
va a estar soleado = θα έχει λιακάδα	el sol = ήλιος
genial = καταπληκτικός, -ή, -ό	

la idea = η ιδέα	
las bicicletas = τα ποδήλατα	*ενικ.:* la bicicleta
¿por qué no? = γιατί όχι;	
no creo = δεν νομίζω	*ρ.:* creer = πιστεύω, νομίζω
dijiste = είπες	*ρ.* decir = λέω
significa = σημαίνει	*ρ.* significar
el calor = ζέστη	hace calor = κάνει ζέστη
todavía no = όχι ακόμη	
entonces = τότε, άρα, οπότε	
que queráis = *(υποτ., 2º πληθ.)* που θέλετε	*ρ.* querer = θέλω
perfecto = τέλειος	*χρησιμοποιείται και ως επίρρημα, ως σύντομη εκδοχή του* perfectamente, *όπως σ' αυτό το κείμενο* perfecto - perfecta
el balón de baloncesto = η μπάλα του μπάσκετ	el baloncesto = το μπάσκετ el balón de fútbol = η μπάλα ποδοσφαίρου
los abrigos = τα μπουφάν, τα πανωφόρια	*ενικ.:* el abrigo *συν.:* la chaqueta
vale = εντάξει, καλά	
como si... = λες και ..., σαν να ...	
el invierno = ο χειμώνας	
exageras = υπερβάλλεις	*ρ.:* exagerar = υπερβάλλω
prefiero = προτιμώ	*ρ.:* preferir
constipados = συναχωμένοι	constipado – constipada

NOTAS – ΣΗΜΕΙΩΣΕΙΣ

EJERCICIOS – ΑΣΚΗΣΕΙΣ

1. ¿Verdadero o falso? – Σωστό ή λάθος;

		Verdadero	**Falso**
a.	Esta tarde va a hacer sol.	☐	☐
b.	Mañana los niños irán al parque.	☐	☐
c.	Los niños llevarán el balón de fútbol al parque.	☐	☐
d.	Los niños vieron dibujos animados en la televisión.	☐	☐
e.	Los niños se están quejando porque mañana irán al parque.	☐	☐
f.	Hoy está soleado, pero hace frío.	☐	☐
g.	Mañana hará frío.	☐	☐
h.	Se oyen truenos.	☐	☐
i.	Todavía es invierno.	☐	☐
j.	Los niños están encerrados en casa porque fuera hace mucho frío.	☐	☐

2. Pon los verbos en primera persona del singular, en presente. – Βάλε τα ρήματα στο πρώτο πρόσωπο του ενικού, στον ενεστώτα.

a. ha parado   _____ (yo) paro _____

b. veis   _____

c. oís   _____

d. se han encerrado   _____

e. han visto   _____

f. adoran   _____

g. se aburrieron   _____

h. empezaron   _____

i. dijiste   _____

j. ha llegado   _____

k. iremos   _____

l. podemos   _____

3. Escribe las palabras en plural. – Γράψε τις λέξεις στον πληθυντικό.

a. el día _____

b. el jardín _____

c. la madre _____

d. el rompecabezas _____

e. la casa _____

f. la tarde _____

g. la playa _____

h. el balón _____

i. el invierno _____

4. Escribe las palabras en singular. – Γράψε τις λέξεις στον ενικό.

a. los niños _____

b. los truenos _____

c. los hermanitos _____

d. las bicicletas _____

e. los abrigos _____

5. Completa los espacios en blanco. – Συμπλήρωσε τα κενά.

> *encerrados - cántaros - ha - hasta - balón - todo - verano - frío - salir - soleado*

a. Hoy ha estado lloviendo _____ el día.

b. Carlos y Pablo quieren _____ al jardín.

c. Fuera está lloviendo a _____.

d. Mañana va a estar _____ e iremos al parque.

e. Aún es primavera, no ha llegado el _____.

f. Los niños están _____ en casa porque está lloviendo.

g. Desde la mañana no _____ parado de llover.

h. Hoy va a estar lloviendo _____ tarde.

i. Los niños llevarán sus bicicletas y el _____ de baloncesto al parque.

j. Mañana los niños no irán a la playa porque hará _____.

Fin del 2.º capítulo

¡Sigue así!

RESPUESTAS A LOS EJERCICIOS – ΛΥΣΕΙΣ ΤΩΝ ΑΣΚΗΣΕΩΝ

1. a. Falso, b. Verdadero, c. Falso, d. Verdadero, e. Falso, f. Falso, g. Verdadero, h. Verdadero, i. Falso, j. Falso

2. a. paro, b. veo, c. oigo d. me encierro, e. veo, f. adoro, g. me aburro, h. empiezo, i. digo, j. llego, k. voy, l. puedo

3. a. los días, b. los jardines, c. las madres, d. los rompecabezas, e. las casas, f. las tardes, g. las playas, h. los balones, i. los inviernos

4. a. el niño, b. el trueno, c. el hermanito, d. la bicicleta, e. el abrigo

5. a. todo, b. salir, c. cántaros, d. soleado, e. verano, f. encerrados, g. ha, h. hasta, i. balón, j. frío

Capítulo 3

¡Nos estamos mudando!

Carlos y su **compañera de clase** Elena están hablando por teléfono.

Elena: Buenos días. ¿**Se encuentra** Carlos?

Carlos: Soy yo. ¿**Quién habla?**

Elena: Elena. Te llamo para **recordarte** que el sábado es mi **fiesta de cumpleaños**. Vendrás, ¿no?

Carlos: Tengo muchas ganas, pero no creo que pueda. Este fin de semana tenemos **mudanza**.

Elena: ¿Mudanza? ¿Dónde os mudáis? ¿Lejos?

Carlos: No, aquí cerca. Vamos a una casa más grande.

Elena: ¿Cuán grande?

Carlos: ¡**Enorme**! Con **jardín**, un **salón** grande, tres **cuartos de baño** y **desván**. Pero **lo más importante** es que ¡voy a tener **mi propia habitación**!

Elena: ¿Ahora no tienes tu propia habitación?

Carlos: No, la **comparto** con mi hermano.

Elena: Ay ay ay...

Carlos: Ni te cuento. **Ya no cabemos los dos** en una sola habitación.

Κεφάλαιο 3

Μετακομίζουμε!

Ο Κάρλος και η **συμμαθήτριά** του η Ελένα μιλάνε στο τηλέφωνο.

Ελένα: Καλημέρα. Ο Κάρλος **είναι εκεί**;

Κάρλος: Εγώ είμαι! **Ποιος είναι**;

Ελένα: Η Ελένα. Παίρνω για **να σου θυμίσω** ότι το Σάββατο είναι το **πάρτι γενεθλίων** μου. Θα έρθεις, έτσι;

Κάρλος: Θέλω πολύ αλλά δεν νομίζω να μπορέσω. Αυτό το σαββατοκύριακο έχουμε **μετακόμιση**.

Ελένα: Μετακόμιση; Πού μετακομίζετε; Μακριά;

Κάρλος: Όχι, εδώ κοντά. Πάμε σε ένα πιο μεγάλο σπίτι.

Ελένα: Πόσο μεγάλο;

Κάρλος: **Τεράστιο**! Με **κήπο**, μεγάλο **σαλόνι**, τρία **μπάνια** και **σοφίτα**. Αλλά **το πιο σημαντικό** είναι ότι θα έχω **το δικό μου δωμάτιο**!

Ελένα: Τώρα δεν έχεις δικό σου δωμάτιο;

Κάρλος: Όχι! Το **μοιράζομαι** με τον αδελφό μου.

Ελένα: Ωχ ...

Κάρλος: Άσε. **Δε χωράμε πια** σε ένα δωμάτιο **και οι δύο**.

Elena: ¿Es muy **pequeña**?

Carlos: No, pero lo tenemos todo **doble**: dos **camas**, dos **escritorios**, dos **sillas**, dos **armarios**, ¿cómo vamos a caber?

Elena: **Tienes razón**.

Carlos: Eh, sí. Por eso **no veo la hora** de ir a la **nueva** casa. **Ya** he puesto todas mis cosas en **cajas**.

Elena: ¿Y vas a **cargarlas** tú solo?

Carlos: No, mi papá cargará la mayoría. Mi hermano y yo **ayudaremos lo más que podamos**, pero solamente con las cajas pequeñas y **ligeras**. Las cajas grandes y **pesadas** no podemos **levantarlas**.

Ελένα: Είναι πολύ **μικρό**;

Κάρλος: Όχι, αλλά τα έχουμε όλα **διπλά**: δύο **κρεβάτια**, δύο **γραφεία**, δύο **καρέκλες**, δύο **ντουλάπες**, πώς να χωρέσουμε;

Ελένα: **Δίκιο έχεις**.

Κάρλος: Ε, ναι. Γι' αυτό **δε βλέπω την ώρα** να πάμε στο **καινούριο** σπίτι! Έχω **ήδη** βάλει όλα μου τα πράγματα σε **κούτες**.

Ελένα: Και θα τα **κουβαλήσεις** μόνος σου;

Κάρλος: Όχι, ο μπαμπάς μου θα κουβαλήσει τα περισσότερα. Ο αδελφός μου κι εγώ **θα βοηθήσουμε όσο μπορούμε**, αλλά μόνο με τα μικρά και **ελαφριά** κουτιά. Τα μεγάλα και **βαριά** κουτιά δεν μπορούμε να τα **σηκώσουμε**.

Elena: **Me alegro de** que vayan a una nueva casa y que vayas a tener tu propia habitación, pero **lamento que** no puedas venir a mi fiesta.

Carlos: Yo también. Pero te compraré un hermoso **regalito**.

Elena: Ah, ¡gracias!

Carlos: Te **deseo feliz cumpleaños** desde ya.

Elena: ¡Muchas gracias! ¡Buena mudanza!

Carlos: **Chau**.

Elena: ¡Hasta luego!

Ελένα: **Χαίρομαι** που πάτε σε καινούριο σπίτι και που θα έχεις δικό σου δωμάτιο, αλλά **λυπάμαι** που δεν θα μπορέσεις να έρθεις στο πάρτι μου.

Κάρλος: Κι εγώ. Θα σου πάρω, όμως, ένα ωραίο **δωράκι**.

Ελένα: Α, ευχαριστώ!

Κάρλος: Σου **εύχομαι χρόνια πολλά** από τώρα.

Ελένα: Ευχαριστώ πολύ! Καλή μετακόμιση!

Κάρλος: **Γεια**.

Ελένη: Τα λέμε!

VOCABULARIO – ΛΕΞΙΛΟΓΙΟ

nos estamos mudando = μετακομίζουμε	ρ. mudarse = μετακομίζω
la compañera de clase = η συμμαθήτρια	el compañero de clase = ο συμμαθητής
¿se encuentra X? = ο/η X είναι εκεί;	
¿quién habla? = ποιος ομιλεί; (ποιος είναι στο τηλέφωνο;)	
recordarte = να σου θυμίσω	ρ.: recordar (algo a alguien) = θυμίζω (κάτι σε κάποιον) αλλά: recordar (algo) *[χωρίς έμμεσο αντικείμενο 'a alguien']* = acordarse de = θυμάμαι π.χ. Te recuerdo el secreto = σου θυμίζω το μυστικό Recuerdo el secreto = θυμάμαι το μυστικό
la fiesta de cumpleaños = το πάρτι γενεθλίων	el cumpleaños = τα γενέθλια la fiesta = το πάρτι, η γιορτή festejar = γιορτάζω
la mudanza = η μετακόμιση	
enorme = τεράστιος, -α, -ο	
el jardín = ο κήπος, η αυλή	
el salón = το σαλόνι	
los cuartos de baño = τα μπάνια	ενικ.: el cuarto de baño, el baño = το μπάνιο, η τουαλέτα tomar un baño = bañarse = κάνω μπάνιο
el desván = η σοφίτα	
lo más importante = το πιο σημαντικό	
mi propia = η δική μου	mi propio – mi propia
la habitación = το δωμάτιο	*Λατ. Αμερ.:* el cuarto
comparto = μοιράζομαι	ρ.: compartir
no cabemos = δεν χωράμε	ρ.: caber = χωράω
ya = πια	επίσης: ήδη
los dos = και οι δύο	συν.: ambos θηλ.: las dos = ambas

pequeño = μικρός	pequeño – pequeña
doble = διπλός	
las camas = τα κρεβάτια	*ενικ:* la cama
los escritorios = τα γραφεία	*ενικ.:* el escritorio = το γραφείο *(το έπιπλο, όχι το μέρος)*
las sillas = οι καρέκλες	*ενικ. :* la silla
los armarios = οι ντουλάπες	*ενικ.:* el armario
tienes razón = έχεις δίκιο	tener razón
no veo la hora = δε βλέπω την ώρα, ανυπομονώ	
nuevo = καινούριος	nuevo – nueva
ya = ήδη	*επίσης:* ya = πια, όπως είδαμε πιο πάνω σ' αυτό το κεφάλαιο
las cajas = τα κουτιά, οι κούτες	*ενικ.:* la caja
vas a cargarlas = θα τις κουβαλήσεις	*ρ.:* cargar = κουβαλάω
ayudaremos = θα βοηθήσουμε	*ρ.:* ayudar = βοηθάω
lo más que podamos = όσο μπορούμε, όσο περισσότερο μπορούμε	
ligeras = ελαφριές	ligero – ligera
pesadas = βαριές	pesado – pesada
levantarlas = να τις σηκώσουμε	*ρ.:* levantar = σηκώνω
me alegro = χαίρομαι	
lamento = λυπάμαι	
el regalito = το δωράκι	*υποκοριστικό του* el regalo = το δώρο
deseo = εύχομαι	*ρ.:* desear = εύχομαι, επιθυμώ
feliz cumpleaños = χρόνια πολλά *(μόνο για γενέθλια. Κατά λέξη: χαρούμενα γενέθλια)*	el cumpleaños = γενέθλια
chau = αντίο, τσάο	

NOTAS – ΣΗΜΕΙΩΣΕΙΣ

EJERCICIOS – ΑΣΚΗΣΕΙΣ

1. ¿Verdadero o falso? – Σωστό ή λάθος;

		Verdadero	**Falso**
a.	Carlos y su familia se están mudando a una casa más pequeña.	☐	☐
b.	Carlos y Pablo van a tener habitaciones separadas en la nueva casa.	☐	☐
c.	Elena y Carlos están hablando en el patio de la escuela.	☐	☐
d.	Carlos y Elena son compañeros de clase.	☐	☐
e.	La nueva casa de Carlos tiene cuatro cuartos de baño y desván.	☐	☐
f.	El domingo, Elena festeja su cumpleaños.	☐	☐
g.	Carlos no irá a la fiesta de Elena.	☐	☐
h.	Carlos no comprará regalo para Elena porque no irá a su fiesta.	☐	☐
i.	El padre de Carlos cargará todas las cajas.	☐	☐
j.	Carlos no ve la hora de ir a su nueva casa.	☐	☐

2. Completa los espacios en blanco. – Συμπλήρωσε τα κενά.

> *lamenta - ligeras - cumpleaños - irá - nueva - regalito - compañera - cosas - habitación - mudará*

a. La _____ casa de Carlos tiene jardín y desván.

b. Elena festeja su _____ este sábado.

c. Carlos ha puesto todas sus _____ en cajas.

d. Elena es _____ de clase de Carlos.

e. Carlos y Pablo cargarán las cajas pequeñas y _____.

f. Carlos no _____ a la fiesta de Elena.

g. Ahora Carlos no tiene su propia _____.

h. Carlos se _____ el fin de semana.

i. Elena _____ que Carlos no pueda ir a su fiesta.

j. Carlos comprará un _____ para Elena por su cumpleaños.

3. Une las palabras a la izquierda con sus opuestos a la derecha. – Ταίριαξε τις λέξεις στα αριστερά με τα αντίθετά τους στα δεξιά.

a.   pequeño   lamento

b.   más   voy

c.   ligero   lejos

d.   buena   grande

e.   vengo   viejo

f.   me alegro   menos

g.   nuevo   mala

h.   mucho   poco

i.   cerca   pesado

4. Selecciona la respuesta correcta. – Διάλεξε τη σωστή απάντηση.

a. Carlos y su familia se están mudando:

   i. a una casa más grande
   ii. a una casa más pequeña
   iii. lejos de su casa actual
   iv. a una casa sin jardín

b. La nueva casa de Carlos:

   i. tiene un salón pequeño
   ii. tiene tres cuartos de baño
   iii. no tiene jardín
   iv. no tiene desván

c. En la habitación de Carlos hay:

   i. dos camas
   ii. tres escritorios
   iii. cuatro sillas
   iv. tres armarios

d. Elena:

   i. festeja su cumpleaños este domingo
   ii. se muda el fin de semana
   iii. ayudará a Carlos con la mudanza
   iv. lamenta que Carlos no pueda ir a su fiesta

e. Carlos y su hermano:

   i. comparten armario
   ii. comparten habitación
   iii. cargarán todas las cajas pesadas
   iv. no ayudarán con la mudanza

Fin del 3.ᵉʳ capítulo

¡*Muy bien!*

RESPUESTAS A LOS EJERCICIOS - ΛΥΣΕΙΣ ΤΩΝ ΑΣΚΗΣΕΩΝ

1. a. Falso, b. Verdadero, c. Falso, d. Verdadero, e. Falso,
   f. Falso, g. Verdadero, h. Falso, i. Falso, j. Verdadero

2. a. nueva, b. cumpleaños, c. cosas, d. compañera, e. ligeras,
   f. irá, g. habitación, h. mudará, i. lamenta, j. regalito

3. a. pequeño – grande, b. más – menos, c. ligero – pesado,
   d. buena – mala, e. vengo – voy, f. me alegro – lamento,
   g. nuevo – viejo, h. mucho – poco, i. cerca – lejos

4. a. i.   a una casa más grande
   b. ii. tiene tres cuartos de baño
   c. i.   dos camas
   d. iv. lamenta que Carlos no pueda ir a su fiesta
   e. ii. comparten habitación

Capítulo 4

Pasatiempos

Pablo está hablando con su amigo Manuel de sus pasatiempos.

Pablo: Manuel, ¿tienes algún pasatiempo?

Manuel: **Varios. Natación, karate, guitarra**... ¿Por qué preguntas?

Pablo: **Para sacar ideas.**

Manuel: **¿Qué quieres decir?** ¿Tú no tienes pasatiempos?

Pablo: Tengo. **Mejor dicho**, tenía. En nuestra casa anterior, teníamos **piscina**. Nadaba **casi todos los días**.

Manuel: ¿Y ahora? ¿Ya no nadas?

Pablo: No, en la nueva casa no tenemos piscina. ¿Vosotros tenéis?

Manuel: No.

Pablo: ¿Y dónde nadas?

Manuel: ¡En la piscina pública! Hay una muy grande en mi **barrio**. Y, **por supuesto**, en el verano nado en el mar.

Pablo: ¡Buena idea! Voy a pedirle a mi mamá **que me inscriba** en la piscina pública. ¿Y la guitarra? ¿Dónde aprendes a tocar? ¿Vas a alguna **escuela de música**?

Manuel: No, un **maestro** viene a casa. Mi hermano va a la escuela de música. Él aprende **a tocar el piano**.

Κεφάλαιο 4

Τα χόμπι

Ο Πάμπλο μιλάει με τον φίλο του τον Μανουέλ για τα χόμπι τους.

Πάμπλο: Μανουέλ, έχεις κανένα χόμπι;

Μανουέλ: **Πολλά και διάφορα. Κολύμβηση**, **καράτε**, **κιθάρα**, ... Γιατί ρωτάς;

Πάμπλο: **Για να πάρω ιδέες**.

Μανουέλ: **Τι εννοείς**; Εσύ δεν έχεις χόμπι;

Πάμπλο: Έχω. **Ή μάλλον**, είχα. Στο παλιό μας το σπίτι είχαμε **πισίνα**. Κολυμπούσα **σχεδόν κάθε μέρα**.

Μανουέλ: Και τώρα; Δεν κολυμπάς πια;

Πάμπλο: Όχι, στο καινούριο σπίτι δεν έχουμε πισίνα. Εσείς έχετε;

Μανουέλ: Όχι.

Πάμπλο: Και πού κολυμπάς;

Μανουέλ: Στο **κολυμβητήριο**! Έχει ένα πολύ μεγάλο στη **γειτονιά** μου. Και, **φυσικά**, το καλοκαίρι κολυμπάω στη θάλασσα.

Πάμπλο: Καλή ιδέα! Θα ζητήσω από τη μαμά μου **να με γράψει** στο κολυμβητήριο! Και κιθάρα πού μαθαίνεις; Πας σε **ωδείο**;

Μανουέλ: Όχι, έρχεται **δάσκαλος** στο σπίτι. Ο αδελφός μου πάει στο ωδείο. Εκείνος μαθαίνει **πιάνο**.

Pablo: Mi mamá quiere que yo aprenda a tocar el piano, pero a mí no me gusta nada. Prefiero el **violín** y la guitarra. En general, me gustan los **instrumentos de cuerda**.

Manuel: ¿De veras? ¿Te gusta el violín?

Pablo: ¡Muchísimo! Mi papá sabe tocarlo muy bien.

Manuel: ¿Y por qué no **te enseña**?

Pablo: Dice que **todavía** soy muy pequeño. Me enseñará cuando **crezca** un poco. Dice que también me enseñará a jugar al **tenis**.

Manuel: Natación, violín, tenis... ¿Te **dará tiempo** de estudiar para la escuela?

Pablo: Claro que sí. A ti te da tiempo para hacer natación, karate y guitarra, ¿no?

Manuel: Es verdad. ¡**El que quiere puede**!

Pablo: ¡Exactamente!

Πάμπλο: Η μαμά μου θέλει να μάθω πιάνο αλλά εμένα δε μου αρέσει καθόλου. Προτιμώ το **βιολί** και την κιθάρα. Γενικά μου αρέσουν τα **έγχορδα**.

Μανουέλ: Αλήθεια; Σ' αρέσει το βιολί;

Πάμπλο: Πάρα πολύ! Ο μπαμπάς μου ξέρει να παίζει πολύ καλά.

Μανουέλ: Και γιατί δε **σου μαθαίνει**;

Πάμπλο: Λέει ότι είμαι πολύ μικρός **ακόμα**. Θα μου μάθει **όταν μεγαλώσω** λίγο. Λέει ότι θα μου μάθει και **τένις**.

Μανουέλ: Κολύμβηση, βιολί, τένις... Θα **προλαβαίνεις** να διαβάζεις για το σχολείο;

Πάμπλο: Φυσικά. Εσύ πώς προλαβαίνεις την κολύμβηση, το καράτε και την κιθάρα;

Μανουέλ: Σωστά. **Όποιος θέλει, μπορεί!**

Πάμπλο: Ακριβώς!

VOCABULARIO – ΛΕΞΙΛΟΓΙΟ

varios = διάφοροι

la natación = η κολύμβηση

el karate = το καράτε

la guitarra = η κιθάρα

para sacar ideas = για να πάρω ιδέες   sacar ideas = παίρνω ιδέες

¿qué quieres decir? = τι θέλεις να πεις;, τι εννοείς;

mejor dicho = ή μάλλον

la piscina = η πισίνα   *Λατ. Αμερ.:* la pileta *(Αργεντινή, Ουρουγουάη)*, la alberca *(Μεξικό, Κεντρική Αμερική)*

(yo) solía nadar = κολυμπούσα   *ρ.:* soler = συνηθίζω να... nadar = κολυμπώ

casi = σχεδόν

todos los días = κάθε μέρα   *συν.:* cada día

la piscina pública = το κολυμβητήριο, η δημόσια πισίνα

el barrio = η γειτονιά

por supuesto = φυσικά

que me inscriba = να με γράψει   *ρ.:* inscribir = γράφω (με την έννοια του εγγράφω)   inscribirse = γράφομαι

la escuela de música = το ωδείο

el maestro = ο δάσκαλος   la maestra = η δασκάλα

tocar el piano = παίζω πιάνο

el violín = το βιολί

los instrumentos de cuerda = τα έγχορδα   el instrumento = το όργανο
la cuerda = η χορδή
επίσης: la cuerda = το σχοινί, το κορδόνι

te enseña = σου διδάσκει, σου μαθαίνει	enseñar (algo a alguien) = διδάσκω
todavía = ακόμα	*συν.:* aún todavía soy muy pequeño = είμαι ακόμα πολύ μικρός
cuando crezca = όταν μεγαλώσω	*ρ.:* crecer = μεγαλώνω
el tenis = το τένις	
te dará tiempo = θα προλάβεις	me da tiempo (de/para/a hacer algo) = προλαβαίνω (να κάνω κάτι)
el que quiere puede = όποιος θέλει, μπορεί	

NOTAS – ΣΗΜΕΙΩΣΕΙΣ

EJERCICIOS – ΑΣΚΗΣΕΙΣ

1. ¿Verdadero o falso? – Σωστό ή λάθος;

		Verdadero	**Falso**
a.	Pablo tiene muchos pasatiempos.	☐	☐
b.	Manuel sabe tocar la guitarra.	☐	☐
c.	Pablo nada casi todos los días.	☐	☐
d.	La nueva casa de Pablo tiene piscina.	☐	☐
e.	En verano, Manuel nada en el mar.	☐	☐
f.	Pablo quiere inscribirse en la piscina pública.	☐	☐
g.	El hermano de Pablo está aprendiendo a tocar el piano.	☐	☐
h.	A Pablo le gustan los instrumentos de cuerda, como el violín.	☐	☐
i.	El padre de Pablo sabe tocar el violín muy bien.	☐	☐
j.	Pablo está aprendiendo a jugar al tenis.	☐	☐
k.	¡El que quiere puede!	☐	☐

2. Pon las palabras en el orden correcto para formar frases. – Βάλε τις λέξεις στη σωστή σειρά για να φτιάξεις προτάσεις.

a. | tenemos – en – piscina – no – casa – nueva – la |

b. | barrio – piscina – grande – hay – mi – una – pública – en |

c. | nuestra – todos – casi – anterior – días – en – nadaba – casa – los |

d. | piscina – en – a – nadar – aprendo – pública – la |

e. | el – mar – en – nado – verano – en |

f. en – tocar – escuela – guitarra – la – instrumentos – la – otros – y – aprendemos – de – música – a

g. yo – aprenda – el – mamá – quiere – a – piano – mi – que – tocar

h. aprenderé – cuando – a – tenis – crezca – jugar – al

3. Escribe las palabras en plural. – Γράψε τις λέξεις στον πληθυντικό.

a. la guitarra _____

b. la piscina _____

c. el pasatiempo _____

d. el barrio _____

e. el verano _____

f. la escuela de música _____

g. el maestro _____

h. el piano _____

i. el violín _____

j. el papá _____

4. Pon los verbos en primera persona del singular, en presente. – Βάλε τα ρήματα στο πρώτο πρόσωπο του ενικού, στον ενεστώτα.

a. (él) habla _____

b. (tú) preguntas _____

c. quieres decir _____

d. (yo) solía _____

e. aprendes _____

f. viene _____

g. quiere _____

h. sabe _____

i. (él) enseña _____

j. estudiar _____

5. Selecciona la respuesta correcta. – Διάλεξε τη σωστή απάντηση.

a. Manuel está aprendiendo:

   i. a tocar el piano
   ii. karate
   iii. a jugar al tenis
   iv. a tocar el violín

b. Pablo:

   i. tiene varios pasatiempos
   ii. nada casi todos los días
   iii. quiere aprender a tocar el piano
   iv. quiere aprender a tocar el violín

c. Pablo:

   i. va a la escuela de música
   ii. va a la piscina pública
   iii. ya no nada
   iv. no sabe nadar

d. El papá de Pablo sabe:

   i. tocar el violín y jugar al tenis
   ii. tocar el piano y la guitarra
   iii. natación y karate
   iv. nadar y tocar el violín

Fin del 4.º capítulo

¡Impresionante!

RESPUESTAS A LOS EJERCICIOS – ΛΥΣΕΙΣ ΤΩΝ ΑΣΚΗΣΕΩΝ

1. a. Falso, b. Verdadero, c. Falso, d. Falso, e. Verdadero, f. Verdadero, g. Falso, h. Verdadero, i. Verdadero, j. Falso, k. Verdadero

2. a. En la nueva casa no tenemos piscina. / No tenemos piscina en la nueva casa.
   b. Hay una piscina pública grande en mi barrio. / En mi barrio hay una piscina pública grande.
   c. En nuestra casa anterior, nadaba casi todos los días.
   d. Aprendo a nadar en la piscina pública.
   e. En verano nado en el mar.
   f. En la escuela de música aprendemos a tocar la guitarra y otros instrumentos.
   g. Mi mamá quiere que aprenda a tocar el piano.
   h. Cuando crezca, aprenderé a jugar al tenis.

3. a. las guitarras, b. las piscinas, c. los pasatiempos, d. los barrios, e. los veranos, f. las escuelas de música, g. los maestros, h. los pianos, i. los violines, j. los papás

4. a. hablo, b. pregunto, c. quiero decir, d. suelo, e. aprendo, f. vengo, g. quiero, h. sé, i. enseño, j. estudio

5. a. ii. karate,
   b. iv. quiere aprender a tocar el violín
   c. iii. ya no nada
   d. i. tocar el violín y jugar al tenis

Capítulo 5
Nuestro patio

Nuestro patio es **bastante** grande. No es el más grande que he visto, por supuesto, pero para nosotros **es más que suficiente**. Tenemos **césped**, que papá **corta** cada tres o cuatro semanas. Dice que no ve la hora de que Pablo y yo crezcamos para que lo cortemos nosotros.

Un **rincón** del patio es **exclusivamente** de mi mamá. Ahí ella **ha plantado** unas **flores hermosas: rosas, claveles, gardenias** y **dalias**. Creo que ese rincón con las **jardineras** de mamá es **el sitio más bonito** del patio.

Κεφάλαιο 5

Ο κήπος μας

Ο κήπος μας είναι **αρκετά** μεγάλος. Δεν είναι και ο μεγαλύτερος που έχω δει, φυσικά, αλλά εμάς **μας φτάνει και μας περισσεύει**. Έχουμε **γρασίδι**, το οποίο ο μπαμπάς **κουρεύει** κάθε τρεις-τέσσερις εβδομάδες. Λέει ότι ανυπομονεί να μεγαλώσουμε εγώ κι ο Πάμπλο για να το κουρεύουμε εμείς.

Η μία **γωνία** του κήπου είναι **αποκλειστικά** της μαμάς. Εκεί **έχει φυτέψει** κάτι **υπέροχα λουλούδια**: **τριαντάφυλλα**, **γαρίφαλα**, **γαρδένιες** και **ντάλιες**. Νομίζω πως εκείνη η γωνία με τις **ζαρντινιέρες** της μαμάς είναι **το πιο όμορφο σημείο** του κήπου.

Un poco más allá, papá ha plantado **tomates** y **lechugas**. También **está pensando** en plantar **pepinos** y **calabacines**. «¿Por qué **comprar** todas las **verduras** en el **supermercado** o la **verdulería** cuando tenemos una **huerta** tan grande?», dice. **Lo malo es que** él nunca tiene tiempo para **regar** sus verduras y siempre nos **manda** a Carlos y a mí. **Menos mal** que mamá **cuida** ella misma de su **jardincito**.

En el patio, está también nuestra **canasta de baloncesto**. Carlos y yo jugamos muy **a menudo**. A veces **invitamos** a unos amigos. Es más **divertido** con **equipos** más grandes. Pero siempre tenemos que jugar **con mucho cuidado** porque si el balón **aterriza** en las flores de mamá, sus **gritos** se oirán hasta **la luna**. ¡**No quiero ni pensarlo!**

Λίγο πιο πέρα, ο μπαμπάς έχει φυτέψει **ντομάτες** και **μαρούλια**. **Σκοπεύει να** φυτέψει και **αγγούρια** και **κολοκυθάκια**. «Γιατί να **αγοράζουμε** όλα τα **λαχανικά** από το **σούπερ μάρκετ** ή το **μανάβικο**», λέει, «όταν έχουμε τόσο μεγάλο μπαξέ;» **Το κακό είναι** ότι ο ίδιος δεν έχει ποτέ χρόνο να τα **ποτίσει** και πάντα **στέλνει** εμένα και τον Κάρλος! **Ευτυχώς** η μαμά **φροντίζει** η ίδια το **παρτέρι** της.

Στον κήπο, επίσης, είναι και η **μπασκέτα** μας. Με τον Κάρλος παίζουμε πολύ **συχνά** μπάσκετ. Πολλές φορές **καλούμε** και φίλους μας. Είναι πιο **διασκεδαστικό** με μεγαλύτερες ομάδες. Αλλά πάντα **πρέπει να προσέχουμε** πολύ γιατί αν η μπάλα **πέσει** στα λουλούδια της μαμάς, οι τσιρίδες της θα ακουστούν μέχρι το **φεγγάρι**! **Δε θέλω ούτε να το σκέφτομαι**!

VOCABULARIO – ΛΕΞΙΛΟΓΙΟ

bastante = αρκετά	
es más que suficiente = φτάνει και περισσεύει	
el césped = το γρασίδι	
(el) corta = κόβει	ρ.: cortar = κόβω
el rincón = η γωνία (εσωτερική, π.χ. ενός δωματίου)	la esquina = γωνία (εξωτερική, π.χ. κτηρίου, αντικειμένου, κ.λπ.)
exclusivamente = αποκλειστικά	
ha plantado = έχει φυτέψει	ρ.: plantar = φυτεύω
las flores = τα λουλούδια	ενικ.: la flor
hermosas = όμορφες	hermoso – hermosa
las rosas = τα τριαντάφυλλα	ενικ.: la rosa
los claveles = τα γαρίφαλα	ενικ.: el clavel
las gardenias = οι γαρδένιες	ενικ.: la gardenia
las dalias = οι ντάλιες	ενικ.: la dalia
la jardinera = η ζαρντινιέρα	
el (X) más bonito = ο πιο ωραίος (X)	bonito – bonita
el sitio = το σημείο, το μέρος	
los tomates = οι ντομάτες	ενικ.: el tomate
las lechugas = τα μαρούλια	ενικ.: la lechuga
está pensando... = σκέφτεται να ..., σκοπεύει να...	ρ.: pensar (hacer algo) = σκέφτομαι (να κάνω κάτι)
los pepinos = αγγούρια	ενικ.: el pepino
los calabacines = τα κολοκυθάκια	ενικ.: el calabacín
comprar = αγοράζω	

las verduras = τα λαχανικά	*ενικ.:* la verdura
el supermercado = το σούπερ μάρκετ	
la verdulería = το μανάβικο	el verdulero = ο μανάβης
la huerta = ο μπαξές, ο λαχανόκηπος	*συν.:* el huerto
lo malo es que... = το κακό είναι ότι ...	
regar = ποτίζω	*Λατ. Αμερ.:* regar = ποτίζω, σκορπίζω
manda = στέλνει	*ρ.:* mandar = στέλνω *συν.:* enviar *επίσης:* mandar = δίνω εντολή, κάνω κουμάντο
menos mal = ευτυχώς, πάλι καλά	*συν.:* afortunadamente
cuida = φροντίζει	*ρ.:* cuidar = φροντίζω, προσέχω
el jardincito = ο κηπάκος, το παρτέρι	*υποκοριστικό του* el jardín = η αυλή, ο κήπος
la canasta de baloncesto = η μπασκέτα	
a menudo = συχνά	
invitamos = προσκαλούμε	*ρ.:* invitar
divertido = διασκεδαστικός	divertido – divertida
con mucho cuidado = πολύ προσεκτικά (*κατά λέξη:* με πολλή προσοχή)	
aterriza = προσγειώνεται	*ρ.:* aterrizar
los gritos = οι φωνές, τα ουρλιαχτά	*ενικ.:* el grito
la luna = το φεγγάρι	
no quiero ni pensarlo = δεν θέλω ούτε να το σκέφτομαι	¡Ni lo pienses! = Ούτε να το σκέφτεσαι!

NOTAS – ΣΗΜΕΙΩΣΕΙΣ

EJERCICIOS – ΑΣΚΗΣΕΙΣ

1. ¿Verdadero o falso? – Σωστό ή λάθος;

		Verdadero	**Falso**
a.	El jardín de Carlos y Pablo es bastante pequeño.	☐	☐
b.	Papá corta la hierba cada semana.	☐	☐
c.	Mamá ha plantado tomates y lechugas en el jardín.	☐	☐
d.	El jardincito de mamá está en el rincón del patio.	☐	☐
e.	Carlos y Pablo juegan al tenis a menudo en el patio.	☐	☐
f.	Papá quiere plantar calabacines.	☐	☐
g.	Papá no quiere comprar verduras en el supermercado.	☐	☐
h.	Compramos verduras en el supermercado o en la verdulería.	☐	☐
i.	El baloncesto es más divertido cuando los equipos son pequeños.	☐	☐
j.	Mamá ha plantado rosas, tulipanes y claveles en su jardincito.	☐	☐

2. Completa los espacios en blanco. – Συμπλήρωσε τα κενά.

> cuida - tiempo - bonito - flores - pensando - juegan - balón - exclusivamente

a. Mamá ha plantado unas _____ hermosas en el jardín.

b. Papá no tiene _____ para regar sus verduras.

c. Mamá _____ ella misma sus flores.

d. Pablo y Carlos _____ al baloncesto a menudo.

e. Cuando el _____ cae en las flores de mamá, ella grita.

f. El jardincito de mamá es el sitio más _____ del patio.

g. Papá está _____ plantar calabacines y pepinos.

h. Un rincón del patio es _____ de mamá.

3. Une las palabras a la izquierda con las palabras opuestas a la derecha. – Ταίριαξε τις λέξεις στα αριστερά με το αντίθετό τους στα δεξιά.

a.	más grande	desafortunadamente
b.	hermoso	nunca
c.	malo	menos
d.	menos mal	poco
e.	siempre	casi nunca
f.	a menudo	más pequeño
g.	más	bueno
h.	mucho	feo

4. Escribe las palabras en singular. – Γράψε τις λέξεις στον ενικό.

a. los jardines   _____

b. las semanas   _____

c. los rincones   _____

d. las flores   _____

e. las rosas   _____

f. las gardenias   _____

g. los tomates   _____

h. las lechugas   _____

i. los calabacines   _____

j. los amigos   _____

5. Selecciona la respuesta correcta. – Διάλεξε τη σωστή απάντηση.

a. En el patio de Carlos y Pablo hay:

　　i. muchas verduras
　　ii. muchos pepinos y calabacines
　　iii. flores por todas partes
　　iv. mucho césped

b. Papá corta la hierba:

　　i. cada tres semanas
　　ii. cada cuatro semanas
　　iii. cada tres o cuatro días
　　iv. cada tres o cuatro semanas

c. El jardincito de mamá es:

　　i. el sitio más alto del patio
　　ii. el sitio más grande del patio
　　iii. el sitio más verde del patio
　　iv. el sitio más lindo del patio

d. Carlos y Pablo:

　　i. invitan a menudo a sus compañeros de clase a jugar al baloncesto
　　ii. juegan a menudo al baloncesto con su papá
　　iii. invitan a sus amigos a jugar al baloncesto
　　iv. juegan con cuidado para que el balón no aterrice en las verduras

Fin del 5.º capítulo

¡Vas muy bien!

RESPUESTAS A LOS EJERCICIOS – ΛΥΣΕΙΣ ΤΩΝ ΑΣΚΗΣΕΩΝ

1. a. Falso, b. Falso, c. Falso, d. Verdadero, e. Falso, f. Verdadero, g. Verdadero, h. Verdadero, i. Falso, j. Falso

2. a. flores, b. tiempo, c. cuida, d. juegan, e. balón, f. bonito, g. pensando, h. exclusivamente

3. a. más grande – más pequeño, b. hermoso – feo,
   c. malo – bueno, d. menos mal – desafortunadamente,
   e. siempre – nunca, f. a menudo – casi nunca,
   g. más – menos, h. mucho – poco

4. a. el jardín, b. la semana, c. el rincón, d. la flor, e. la rosa, f. la gardenia, g. el tomate, h. la lechuga, i. el calabacín, j. el amigo

5. a. iv. mucho césped
   b. iv. cada tres o cuatro semanas
   c. iv. el sitio más bonito del patio
   d. iii. invitan a sus amigos a jugar al baloncesto

Capítulo 6

¿Dónde trabajas?

María **se encuentra por casualidad** con su amiga Laura en la calle.

María: ¡Laura! ¡Hola!

Laura: ¡Hola, María!

María: ¿Cómo estás? Hace **mucho tiempo** que no te veo.

Laura: Muy bien. ¿Y tú? ¿Tu **esposo**? ¿Los niños?

María: Todos estamos bien. Los niños han crecido. Ya van a la escuela. ¡Les gusta mucho!

Laura: ¡Qué bien! Me alegro. ¿Aún trabajas en el **periódico**?

María: Ya no. **Encontré otro trabajo.**

Laura: ¿De verdad? ¿Dónde trabajas ahora?

María: En la **revista** *Nuevo ritmo*.

Laura: Es una revista de **música**, ¿**no es así**?

María: Sí, exactamente. **Me cansé** de escribir sobre **temas políticos** durante tantos años para el periódico. **Prefiero** la música.

Κεφάλαιο 6

Πού δουλεύεις;

Η Μαρία **συναντιέται τυχαία** με τη φίλη της τη Λάουρα στο δρόμο.

Μαρία: Λάουρα! Γεια σου!

Λάουρα: Για σου, Μαρία!

Μαρία: Πώς είσαι; Έχω **πολύ καιρό** να σε δω.

Λάουρα: Μια χαρά. Εσύ; **Ο άντρας σου**; Τα παιδιά;

Μαρία: Όλοι καλά είμαστε. Τα παιδιά μεγάλωσαν, πηγαίνουν σχολείο. Τους αρέσει πολύ!

Λάουρα: Τι ωραία! Χαίρομαι. Δουλεύεις ακόμα στην **εφημερίδα**;

Μαρία: Όχι πια. **Βρήκα άλλη δουλειά**.

Λάουρα: Αλήθεια; Πού δουλεύεις τώρα;

Μαρία: Στο **περιοδικό** «Νέος **ρυθμός**».

Λάουρα: Αυτό είναι περιοδικό **μουσικής**, **έτσι δεν είναι**;

Μαρία: Ναι, ακριβώς. **Κουράστηκα** τόσα χρόνια να γράφω για **πολιτικά θέματα** στην εφημερίδα. **Προτιμώ** τη μουσική.

Laura: ¿Y sobre qué temas escribes?

María: Varios. Escribo sobre **compositores** de **música clásica**, compositores **contemporáneos**, **letristas**, **cantantes**, varios **géneros** de música y muchos otros temas.

Laura: ¡**Suena** muy **interesante**!

María: Lo es. Y tú, ¿dónde trabajas?

Laura: Yo, **desafortunadamente**, estoy **en el paro hace tres meses**.

María: Lo siento.

Laura: **Ni te cuento**. Las cosas están muy **difíciles**. Estoy **buscando empleo**.

Λάουρα: Και για ποια θέματα γράφεις;

Μαρία: Για διάφορα. Γράφω για **συνθέτες κλασικής μουσικής**, για **σύγχρονους** συνθέτες, **στιχουργούς**, **τραγουδιστές**, για διάφορα **είδη** μουσικής και πολλά άλλα θέματα.

Λάουρα: **Ακούγεται** πολύ **ενδιαφέρον**!

Μαρία: Είναι. Εσύ πού εργάζεσαι;

Λάουρα: Εγώ, **δυστυχώς**, είμαι **άνεργη εδώ και τρεις μήνες**.

Μαρία: Λυπάμαι που τ' ακούω.

Λάουρα: **Άσε**, είναι πολύ **δύσκολα** τα πράγματα. **Ψάχνω** να βρω **δουλειά**.

María: ¿Qué tipo de empleo buscas?

Laura: **Secretaria**. Donde sea.

María: **Lo tendré en cuenta**. En la **empresa** de **mi marido,** creo que **están contratando**. Le **preguntaré** y te diré.

Laura: ¡Mil gracias!

María: No hay de qué. Bueno, me voy porque Alejandro y los niños me **están esperando** en casa.

Laura: Está bien, amiga. Ha sido un placer enorme verte de nuevo después de tanto tiempo. Mis **saludos** a Alejandro y **besitos** para los niños.

María: Se los daré. Hasta luego, **querida**.

Laura: Hasta luego.

Μαρία: Τι είδους δουλειά ψάχνεις;

Λάουρα: **Γραμματέας**. Όπου να 'ναι.

Μαρία: **Θα το έχω υπόψη μου**. Στην **εταιρεία** του **άντρα μου** νομίζω πως **προσλαμβάνουν** αυτόν τον καιρό. Θα τον **ρωτήσω** και θα σου πω.

Λάουρα: Χίλια ευχαριστώ!

Μαρία: Τίποτα. Άντε, φεύγω γιατί ο Αλεχάντρο και τα παιδιά με **περιμένουν** στο σπίτι.

Λάουρα: Εντάξει, φιλενάδα. Χάρηκα πάρα πολύ που σε είδα μετά από τόσον καιρό. Δώσε τους **χαιρετισμούς** μου στον Αλεχάντρο και **φιλάκια** στα παιδιά.

Μαρία: Θα δώσω! Γεια σου, **καλή μου**.

Λάουρα: Γεια.

VOCABULARIO – ΛΕΞΙΛΟΓΙΟ

trabajas = δουλεύεις	ρ.: trabajar
se encuentra con = συναντιέται με	ρ.: encontrar(se) = συναντιέμαι encontrar = συναντώ, βρίσκω
por casualidad = τυχαία	
mucho tiempo = πολύς καιρός	hace mucho tiempo que no te veo = έχω πολύ καιρό να σε δω
tu esposo = ο σύζυγός σου	λίγο πιο επίσημο από το tu marido = o άντρας σου
el periódico = η εφημερίδα	la revista = το περιοδικό
encontré otro trabajo = βρήκα άλλη δουλειά	el trabajo = η δουλειά, η εργασία encontrar trabajo = βρίσκω δουλειά ρ.: trabajar = δουλεύω, εργάζομαι
la revista = το περιοδικό	
el ritmo = ο ρυθμός	
la música = η μουσική	
¿no es así? = έτσι δεν είναι;	
me cansé = κουράστηκα	ρ.: cansar(se) = κουράζομαι
los temas = τα θέματα	ενικ.: el tema
temas políticos = πολιτικά θέματα	político – política = (επίθ.) πολιτικός – πολιτική la política = (ουσ.) η πολιτική
prefiero = προτιμώ	ρ. preferir
los compositores = οι συνθέτες	ενικ.: el compositor
la música clásica = η κλασική μουσική	
contemporáneos = σύγχρονοι	contemporáneo – contemporánea
los letristas = οι στιχουργοί	ενικ.: el letrista
los cantantes = οι τραγουδιστές	ενικ.: el cantante
los géneros = τα είδη	ενικ.: el género επίσης: el género = το φύλο

suena = ακούγεται	*ρ.:* sonar
interesante = ενδιαφέρων, -ουσα, -ον	
desafortunadamente = δυστυχώς	*αντίθ.:* afortunadamente, por suerte = ευτυχώς
el paro = ανεργία	estar en el paro, estar en paro *συν.:* estar desempleado – desempleada = είμαι άνεργος, -η
hace tres meses = εδώ και τρεις μήνες, πάνε τρεις μήνες	hace una hora, hace dos semanas, hace cuatro años...
ni te cuento = άσε, πού να σου τα λέω	
difíciles = δύσκολοι, -ες	*ενικ.:* difícil = δύσκολος, -η
estoy buscando = ψάχνω	estoy buscando empleo = ψάχνω δουλειά
el empleo = η εργασία	*συν.:* el trabajo
donde sea = όπου να 'ναι	*συν.:* en cualquier sitio
lo tendré en cuenta = θα το έχω υπόψη	*συν.:* lo tendré presente
la empresa = company	
mi marido = ο άντρας μου	el marido (*λιγότερο επίσημο από το* el esposo = ο σύζυγος)
están contratando = προσλαμβάνουν	*ρ.:* contratar = προσλαμβάνω están contratando *σημαίνει ότι προσλαμβάνουν αυτόν τον καιρό, επί του παρόντος (γι' αυτό και στο ελληνικό κείμενο θα διαβάσεις «προσλαμβάνουν αυτόν τον καιρό»). Αν προσλάμβαναν γενικά, θα λέγαμε* contratan.
preguntaré = θα ρωτήσω	*ρ.:* preguntar = ρωτάω
están esperando = περιμένουν	*ρ.:* esperar = περιμένω
los saludos = οι χαιρετισμοί	*ενικ.:* el saludo
los besitos = τα φιλιάκια	*υποκοριστικό του* los besos = τα φιλιά *ενικ.:* el beso
querida = αγαπητή μου, καλή μου	querido – querida = αγαπητός – αγαπητή

NOTAS – ΣΗΜΕΙΩΣΕΙΣ

EJERCICIOS – ΑΣΚΗΣΕΙΣ

1. ¿Verdadero o falso? – Σωστό ή λάθος;

		Verdadero	**Falso**
a.	María y Laura son compañeras de trabajo.	☐	☐
b.	A los niños de Laura les gusta mucho la escuela.	☐	☐
c.	María ya no trabaja en el periódico.	☐	☐
d.	María escribe sobre temas políticos.	☐	☐
e.	María prefiere los temas musicales a los temas políticos.	☐	☐
f.	Laura está en el paro hace dos meses.	☐	☐
g.	Laura está buscando trabajo en una empresa grande.	☐	☐
h.	Laura quiere trabajar como secretaria.	☐	☐
i.	María trabaja en el periódico *Nuevo ritmo*.	☐	☐
j.	María escribe sobre compositores clásicos y contemporáneos.	☐	☐

2. Pon los verbos en primera persona del singular, en presente. – Βάλε τα ρήματα στο πρώτο πρόσωπο του ενικού, στον ενεστώτα.

a. trabajas _____

b. se encuentra _____

c. han crecido _____

d. encontré _____

e. me cansé _____

f. escribes _____

g. suena _____

h. tendré _____

i. contratan _____

j. preguntaré _____

k. diré _____

l. ha sido _____

m. daré _____

3. Pon las palabras en el orden correcto para formar frases. – Βάλε τις λέξεις στη σωστή σειρά για να φτιάξεις προτάσεις.

a. | veo – no – que – hace – tiempo – te |

b. | a – escuela – los – niños – crecido – y – la – han – van |

c. | periódico – en – ya – trabajo – no – el |

d. | temas – de – sobre – me – cansé – políticos – escribir |

e. | hace – meses – en el paro – tres – estoy – desafortunadamente |

f. | un – verte – sido – ha – placer |

g. | los – esposo – y – niños – a – saludos – tu – besitos – para |

4. Selecciona la respuesta correcta. – Διάλεξε τη σωστή απάντηση.

a. María:

   i. es secretaria
   ii. trabaja en un periódico
   iii. trabaja en una revista
   iv. está desempleada

b. María y Laura:

   i. se encuentran a menudo
   ii. casi nunca se encuentran
   iii. hablan a menudo por teléfono
   iv. se ven cada tres meses

c. En la revista, María escribe:

   i. sobre políticos
   ii. sobre compositores
   iii. sobre secretarias
   iv. canciones

d. Laura quiere trabajar:

   i. en la revista *Nuevo ritmo*
   ii. en un periódico
   iii. en la empresa de Alejandro
   iv. donde sea

Fin del 6.º capítulo

¡Genial!

RESPUESTAS A LOS EJERCICIOS – ΛΥΣΕΙΣ ΤΩΝ ΑΣΚΗΣΕΩΝ

1. a. Falso, b. Falso, c. Verdadero, d. Falso, e. Verdadero, f. Falso, g. Falso, h. Verdadero, i. Falso, j. Verdadero

2. a. (yo) trabajo, b. me encuentro, c. crezco, d. encuentro, e. me canso, f. escribo, g. sueno, h. tengo, i. contrato, j. pregunto, k. digo, l. soy, m. doy

3. a. Hace mucho tiempo que no te veo.
   b. Los niños han crecido y van a la escuela.
   c. Ya no trabajo en el periódico.
   d. Me cansé de escribir sobre temas políticos.
   e. Desafortunadamente, estoy en el paro hace tres meses.
   f. Ha sido un placer verte.
   g. Saludos a tu esposo y besitos para los niños.

4. a. iii. trabaja en una revista
   b. ii. casi nunca se encuentran
   c. ii. sobre compositores
   d. iv. donde sea

Capítulo 7

¿Qué vamos a comer hoy?

Pablo: Mamá, ¿qué **comida has preparado** para hoy?

Mamá: Ninguna.

Carlos: ¿Qué quieres decir?

Mamá: Quiero decir que todavía no **he cocinado**. ¿Qué queréis que **os prepare**?

Pablo: ¡Lasaña!

Carlos: ¿Otra vez? **Anteayer** comimos lasaña.

Pablo: Sí, pero es mi comida **favorita**.

Carlos: ¡Pero no la mía!

Pablo: Sí, ya sé, lo único que a ti te gusta comer son **patatas fritas** y **hamburguesas**.

Carlos: O patatas con **chorizos**, **me da igual**.

Pablo: Vale, por mí **no hay problema**.

Mamá: Pero por mí, sí. No tenemos chorizos. Tampoco me da tiempo de **descongelar carne molida** para hamburguesas.

Pablo: Tú, mamá, ¿qué quieres preparar?

Mamá: Algo fácil y rápido. Por ejemplo, **espinaca**. Hace mucho que no la comemos.

Carlos: ¿Qué? ¡No, por favor!

Mamá: ¿Por qué? Si os gusta así como lo preparo, con mucho **limón**. **Además** es muy **saludable**.

Carlos: Los chorizos también son saludables.

Κεφάλαιο 7

Τι θα φάμε σήμερα;

Πάμπλο: Μαμά, τι **φαγητό έχεις φτιάξει** σήμερα;

Μαμά: Τίποτα.

Κάρλος: Τι εννοείς;

Μαμά: Εννοώ ότι δεν **έχω μαγειρέψει** ακόμα. Τι θέλετε **να σας φτιάξω**;

Πάμπλο: Λαζάνια!

Κάρλος: Πάλι; **Προχτές** φάγαμε λαζάνια.

Πάμπλο: Ναι αλλά είναι το **αγαπημένο** μου φαγητό.

Κάρλος: Εμένα όμως δεν είναι.

Πάμπλο: Ξέρω, εσένα το μόνο που σ'αρέσει είναι **πατάτες τηγανιτές** και **μπιφτέκια**.

Κάρλος: Ή πατάτες με **λουκάνικα, το ίδιο μού κάνει**.

Πάμπλο: Καλά, **δεν έχω πρόβλημα**.

Μαμά: Έχω όμως εγώ. Δεν έχουμε λουκάνικα. Ούτε προλαβαίνω να **ξεπαγώσω κιμά** για μπιφτέκια.

Πάμπλο: Εσύ, μαμά, τι θέλεις να φτιάξεις;

Μαμά: Κάτι εύκολο και γρήγορο. Για παράδειγμα, σπανάκι. Έχουμε καιρό να φάμε.

Κάρλος: Τι; Όχι, σε παρακαλώ!

Μαμά: Γιατί; Αφού σας αρέσει έτσι όπως το φτιάχνω, με μπόλικο **λεμόνι. Εξάλλου** είναι πολύ **υγιεινό**.

Κάρλος: Και τα λουκάνικα είναι υγιεινά.

Mamá: ¡No me parece! **Sobre todo en combinación con** patatas fritas.

Pablo: **Por eso os digo**, lasaña. Es una **solución intermedia**. Es **sabrosa** y saludable. O al menos **pasta** con carne picada.

Mamá: Ya os dije, no me da tiempo de descongelar la carne.

Pablo: Entonces con **salsa de tomate**.

Carlos: Sí, yo **estoy de acuerdo**.

Mamá: ¡Qué bien que vosotros dos estáis de acuerdo! ¿Habéis **pensado en** papá? No le gusta la pasta.

Pablo: Papá siempre quiere comer verduras. Calabacines, **berenjenas**, **judías verdes**, **quimbombó**...

Mamá: Hay que comer **de todo**. **Es bueno** tener una **dieta equilibrada**. Tenemos que comer verduras, **legumbres**, **pescado**, **carne**, **pollo**...

Carlos: Mónica, mi compañera de clase, me ha dicho que en su casa nunca se come carne. Son **vegetarianos**. ¿Nosotros por qué no lo somos?

Mamá: ¿Quieres ser vegetariano? Está bien, ya no vuelvo a hacer ni chorizos ni hamburguesas.

Carlos: ¿Qué? ¡De ninguna manera!

Μαμά: Δε νομίζω! **Ειδικά σε συνδυασμό με** τηγανιτές πατάτες.

Πάμπλο: **Γι' αυτό σας λέω**, λαζάνια. Είναι μια **μέση λύση**. Και **νόστιμο** και υγιεινό. Ή έστω μια **μακαρονάδα** με κιμά.

Μαμά: Σας είπα, δεν προλαβαίνω να ξεπαγώσω κιμά.

Πάμπλο: Τότε με **κόκκινη σάλτσα**.

Κάρλος: Ναι, **συμφωνώ** κι εγώ.

Μαμά: Ωραία, ευτυχώς που εσείς οι δύο συμφωνείτε! Τον μπαμπά **τον σκεφτήκατε**; Δεν του αρέσουν τα μακαρόνια.

Πάμπλο: Ο μπαμπάς όλο λαχανικά θέλει να τρώει. Κολοκυθάκια, **μελιτζάνες, φασολάκια, μπάμιες**, ...

Μαμά: **Απ' όλα** πρέπει να τρώμε. **Καλό είναι να** έχουμε μια **ισορροπημένη διατροφή**. Πρέπει να τρώμε λαχανικά, **όσπρια, ψάρι, κρέας, κοτόπουλο**, ...

Κάρλος: Η συμμαθήτριά μου, η Μόνικα, μου είπε ότι στο σπίτι της δεν τρώνε ποτέ κρέας. Είναι **χορτοφάγοι**. Εμείς γιατί δεν είμαστε;

Μαμά: Θέλεις να γίνεις χορτοφάγος; Καλά, δεν **ξαναφτιάχνω** ούτε λουκάνικα ούτε μπιφτέκια.

Κάρλος: Τι; Με τίποτα!

...
Suena el teléfono
...

Mamá: ¿Sí?

Papá: Hola, María, soy yo. No cocines nada, **llevo** pizza.

Mamá: ¡Perfecto! ¡**Me has salvado**! No te olvides de pedir que no pongan **hongos**, los niños no los comen.

Papá: No, solamente jamón, queso, **pimiento verde** y **tomate**.

Mamá: Y **aceitunas**.

Papá: Está bien. **En media hora** estoy ahí.

Mamá: **Te esperamos**. Hasta pronto.

Carlos: ¿Entendí bien? ¿Papá está trayendo pizza?

Mamá: Entendiste bien. Tenéis **suerte**. Yo también.

Pablo: ¡Buenísimo!

Carlos: ¡**Hurra**!

...
Χτυπάει το τηλέφωνο
...

Μαμά: Παρακαλώ;

Μπαμπάς: Έλα, Μαρία, εγώ είμαι. Μη μαγειρέψεις τίποτα, **φέρνω** πίτσα.

Μαμά: Τέλεια! **Με έσωσες**! Μην ξεχάσεις να τους πεις να μη βάλουν **μανιτάρια**, τα παιδιά δεν τα τρώνε.

Μπαμπάς: Όχι, μόνο ζαμπόν, τυρί, **πράσινη πιπεριά** και **ντομάτα**.

Μαμά: Και **ελιές**.

Μπαμπάς: Εντάξει. **Σε μισή ώρα** είμαι εκεί.

Μαμά: **Σε περιμένουμε**. Γεια.

Κάρλος: Κατάλαβα καλά; Ο μπαμπάς φέρνει πίτσα;

Μαμά: Καλά κατάλαβες. **Τυχεροί** είστε. Κι εγώ επίσης.

Πάμπλο: Τέλεια!

Κάρλος: **Ζήτω**!

VOCABULARIO – ΛΕΞΙΛΟΓΙΟ

comer = τρώω	
la comida = το φαγητό	
has preparado = έχεις ετοιμάσει	*ρ.:* preparar = ετοιμάζω
he cocinado = έχω μαγειρέψει	*ρ.:* cocinar = μαγειρεύω
que os prepare = να σας ετοιμάσω	
otra vez = πάλι	
anteayer = προχτές	
favorita = αγαπημένη	favorito – favorita
las patatas fritas = οι τηγανιτές πατάτες	*Λατ. Αμερ.:* las papas fritas la patata = η πατάτα
las hamburguesas = τα μπιφτέκια, τα χάμπουργκερ	*ενικ.:* la hamburguesa
los chorizos = τα λουκάνικα	*ενικ.:* el chorizo
me da igual = μου κάνει το ίδιο	*συν.:* me es lo mismo
no hay problema = δεν υπάρχει πρόβλημα, κανένα πρόβλημα	
descongelar = ξεπαγώνω	
la carne molida = ο κιμάς	*συν.:* la carne picada
la espinaca = το σπανάκι	
el limón = το λεμόνι	
el arroz = το ρύζι	
además = εξάλλου, επιπλέον	
saludable = υγιεινός, -ή	
sobre todo = κυρίως (*κατά λέξη:* πάνω απ' όλα)	
en combinación con = σε συνδυασμό με	la combinación = ο συνδυασμός
por eso os digo = γι' αυτό σας λέω	

una solución intermedia = μια μέση λύση	la solución = η λύση intermedio = μέσος, μεσαίος
sabroso = νόστιμος, γευστικός	sabroso – sabrosa *συν.*: rico – rica
la salsa de tomate = κόκκινη σάλτσα	el tomate = η ντομάτα
estoy de acuerdo = συμφωνώ	estar de acuerdo
¿habéis pensado en...? = σκεφτήκατε / έχετε σκεφτεί (κάποιον/κάτι);	*ρ.*: pensar = σκέφτομαι
las berenjenas = οι μελιτζάνες	*ενικ.*: la berenjena
las judías verdes = τα φασολάκια	*ενικ.*: la judía verde
el quimbombó = οι μπάμιες	*ενικ.*: (δεν αλλάζει) el quimbombó = η μπάμια
es bueno... = καλό είναι να ...	
equilibrada = ισορροπημένη	equilibrado – equilibrada
la dieta = η διατροφή, η δίαιτα	
las legumbres = τα όσπρια	
el pescado = το ψάρι	el pescado *(πληθ.* los pescados*) είναι το ψάρι αφού το έχουμε ψαρέψει. Όσο είναι στο νερό, λέγεται* el pez *(πληθ.* los peces*)*
la carne = το κρέας	
el pollo = το κοτόπουλο	
vegetarianos = χορτοφάγοι	*ενικ.*: vegetariano – vegetariana
vuelvo a hacer = ξαναφτιάχνω, ξανακάνω	volver a + *infinitivo* : ξανα[κάνω κάτι], επαναλαμβάνω μια πράξη
de ninguna manera = με τίποτα *(κατά λέξη:* με κανέναν τρόπο)	
suena el teléfono = χτυπάει το τηλέφωνο	*επίσης*: el teléfono suena
llevo = φέρνω	*ρ.*: llevar
me has salvado = με έσωσες, με έχεις σώσει	*ρ.*: salvar = σώζω *Στη Λατινική Αμερική θα λέγαμε «me salvaste» (με έσωσες), ενώ στην Ισπανία χρησιμοποιείται περισσότερο ο παρακείμενος για κάτι που μόλις έγινε.*

los hongos = τα μανιτάρια, οι μύκητες	*ενικ.:* el hongo *συν:* el champiñón, la seta
el jamón = το ζαμπόν	
el queso = το τυρί	
el pimiento verde = η πράσινη πιπεριά	el pimiento = η πιπεριά *συν.:* el ají la pimienta = το πιπέρι
las aceitunas = οι ελιές	*ενικ.:* la aceituna
en media hora = σε μισή ώρα	medio – media = μισός – μισή
te esperamos = σε περιμένουμε	*ρ.:* esperar = περιμένω *επίσης:* esperar = ελπίζω
la suerte = η τύχη	tener suerte = είμαι τυχερός, -ή
hurra = ζήτω	

NOTAS – ΣΗΜΕΙΩΣΕΙΣ

EJERCICIOS – ΑΣΚΗΣΕΙΣ

1. ¿Verdadero o falso? – Σωστό ή λάθος;

		Verdadero	**Falso**
a.	Hoy mamá va a cocinar lasaña.	☐	☐
b.	La lasaña es la comida favorita de Carlos y Pablo.	☐	☐
c.	A Carlos le gustan los chorizos y las patatas fritas.	☐	☐
d.	Mamá quiere preparar espinaca hoy.	☐	☐
e.	Carlos y Pablo comieron espinaca anteayer.	☐	☐
f.	Los chorizos son muy saludables, sobre todo con patatas fritas.	☐	☐
g.	Al padre de Carlos y Pablo no le gusta la pasta.	☐	☐
h.	Papá es vegetariano.	☐	☐
i.	Hoy papá va a traer pizza.	☐	☐
j.	A Carlos y a Pablo les gusta mucho la pizza con jamón, queso, tomate y hongos.	☐	☐

2. Pon los verbos en primera persona del singular, en presente. – Βάλε τα ρήματα στο πρώτο πρόσωπο του ενικού, στον ενεστώτα.

a. comeremos _____

b. he cocinado _____

c. prepararé _____

d. comimos _____

e. descongelar _____

f. dije _____

g. gusta _____

h. habéis pensado _____

i. estáis _____

j. suena _____

k. salvaste _____

l. esperamos _____

m. entendiste _____

3. Pon las palabras en plural. – Βάλε τις λέξεις στον πληθυντικό.

a. la comida _____

b. la patata _____

c. la hamburguesa _____

d. el limón _____

e. la solución _____

f. la berenjena _____

g. el pescado _____

h. la carne _____

i. la pizza _____

j. el queso _____

k. el pimiento verde _____

l. el tomate _____

4. Completa los espacios en blanco. – Συμπλήρωσε τα κενά.

> mucho – fritas – dieta – ha – sin – traer – saludable – vegetarianos – descongelar – favorita

a. Mamá no _____ cocinado todavía.

b. La lasaña es mi comida _____ favorita.

c. A Carlos le gustan las patatas _____.

d. Mamá no tiene tiempo de _____ carne molida para hamburguesas.

e. Hace _____ que no comemos espinaca.

f. La espinaca es una comida muy _____.

g. Es bueno tener una _____ equilibrada.

h. En la casa de Mónica, no se come carne; ella y su familia son _____.

i. Nos gusta la pizza con jamón y queso, pero _____ hongos.

j. Hoy mamá no va a cocinar porque papá va a _____ pizza.

5. Pon las palabras en el orden correcto para formar frases. – Βάλε τις λέξεις στη σωστή σειρά για να φτιάξεις προτάσεις.

a. | comida – hoy – qué – sé – no – preparar |

b. | mi – judías verdes – son – comida – las – favorita |

c. | como – tiempo – que – hace – pasta – mucho – no |

d. | limón – me – con – la – y – queso – espinaca – gusta |

e. | saludables – las – son – patatas – no – muy – fritas |

f. | que – me – más – gusta – quimbombó – pizza – el – la |

Fin del 7.º capítulo

¡Bravo!

RESPUESTAS A LOS EJERCICIOS – ΛΥΣΕΙΣ ΤΩΝ ΑΣΚΗΣΕΩΝ

1. a. Falso, b. Falso, c. Verdadero, d. Verdadero, e. Falso, f. Falso, g. Verdadero, h. Falso, i. Verdadero, j. Falso

2. a. (yo) como, b. cocino, c. preparo, d. como, e. descongelo, f. digo, g. gusto, h. pienso, i. estoy, j. sueno, k. salvo, l. espero, m. entiendo

3. a. las comidas, b. las patatas, c. las hamburguesas, d. los limones, e. las soluciones, f. las berenjenas, g. los pescados, h. las carnes, i. las pizzas, j. los quesos, k. los pimientos verdes, l. los tomates

4. a. ha, b. favorita, c. fritas, d. descongelar, e. mucho, f. saludable, g. dieta, h. vegetarianos, i. sin, j. traer

5. a. No sé qué comida preparar hoy.
   b. Las judías verdes son mi comida favorita.
   c. Hace mucho tiempo que no como pasta.
   d. Me gusta la espinaca con limón y queso. / La espinaca me gusta con limón y queso.
   e. Las patatas fritas no son muy saludables.
   f. La pizza me gusta más que el quimbombó.

Capítulo 8

¿Qué quieres ser cuando seas grande?

Carlos está hablando con su amigo Ernesto en el **patio** de la escuela.

Carlos: Ernesto, ¿qué **quieres ser** cuando seas grande?

Ernesto: Todavía no **he decidido**. **A lo mejor**, **veterinario**.

Carlos: **¿De veras? ¿Y eso?**

Ernesto: **Adoro** los animales. Pero adoro también el **fútbol**, por eso no me decido. No sé si prefiero ser veterinario o **futbolista**.

Carlos: Creo que el fútbol es mucho más divertido. La veterinaria me parece que es muy **difícil**.

Ernesto: **No me importa** que sea difícil, eso no **me asusta**. El fútbol también tiene sus **dificultades**.

Carlos: **Es cierto**. Por ejemplo, hay mucha **competencia**.

Κεφάλαιο 8
Τι θέλεις να γίνεις όταν μεγαλώσεις;

Ο Κάρλος μιλάει με τον φίλο του τον Ερνέστο στην **αυλή** του σχολείου.

Κάρλος: Ερνέστο, τι **θέλεις να γίνεις** όταν μεγαλώσεις;

Ερνέστο: Δεν **έχω αποφασίσει** ακόμα. **Μάλλον κτηνίατρος**.

Κάρλος: **Αλήθεια**; **Πώς κι έτσι**;

Ερνέστο: **Λατρεύω** τα **ζώα**. Αλλά λατρεύω και το **ποδόσφαιρο**, γι' αυτό δεν μπορώ να αποφασίσω. Δεν ξέρω αν προτιμώ να γίνω κτηνίατρος ή **ποδοσφαιριστής**.

Κάρλος: Νομίζω ότι το ποδόσφαιρο είναι πολύ πιο διασκεδαστικό. Η κτηνιατρική νομίζω πως είναι πολύ **δύσκολη**.

Ερνέστο: **Δε με πειράζει** που είναι δύσκολη, **δε με φοβίζει** αυτό. Και το ποδόσφαιρο έχει τις **δυσκολίες** του.

Κάρλος: **Σωστά**. Για παράδειγμα, υπάρχει μεγάλος **ανταγωνισμός**.

Ernesto: Exacto. ¿Tú qué quieres ser cuando seas grande?

Carlos: **¡No tengo idea**! Lo único que **tengo claro** es que no quiero ser **abogado** como mi papá. Él está **constantemente estresado** y pasa horas **interminables** en su **despacho**. Me parece una **profesión** difícil y **al mismo tiempo** muy **aburrida**.

Ernesto: ¿No te gustaría ser **periodista** como tu madre?

Carlos: **Lo estoy pensando**. Pero **la verdad es que** no me gusta mucho escribir.

Ernesto: ¿Y qué te gusta hacer?

Carlos: Me encantan las **construcciones**. Podría ser **ingeniero**.

Ernesto: ¡Suena **interesante**! ¿Qué te gustaría **construir**? ¿**Puentes**? ¿**Edificios**?

Carlos: ¡Todo! ¡Incluso **aviones**! Pero lo que más me gustaría es **diseñar** y construir grandes edificios.

Ernesto: Entonces, tienes que decidir si quieres ser **arquitecto** o **ingeniero civil**.

Carlos: Sí. **Programador** también me gustaría. ¡Amo los **ordenadores**! Muchas cosas me gustarían. Por eso te digo, todavía no sé qué quiero ser.

Ernesto: ¿Pablo qué quiere ser?

Carlos: ¿Mi hermano? ¡**Chef**! Lo decidió hace mucho tiempo. Dice que quiere abrir un gran **restaurante** en el **centro** de la ciudad.

Ernesto: Genial. ¡Iremos y comeremos **gratis**!

Ερνέστο:	Ακριβώς. Εσύ τι θέλεις να γίνεις όταν μεγαλώσεις;
Κάρλος:	**Δεν έχω ιδέα**! Το μόνο **σίγουρο** είναι ότι δε θέλω να γίνω **δικηγόρος** σαν τον μπαμπά μου. Είναι **συνεχώς αγχωμένος** και περνάει **ατέλειωτες** ώρες στο **γραφείο** του. Μου φαίνεται πολύ δύσκολο επάγγελμα και **παράλληλα** πολύ **βαρετό**.
Ερνέστο:	Δεν θα σου άρεσε να γίνεις **δημοσιογράφος** σαν τη μαμά σου;
Κάρλος:	**Το σκέφτομαι. Η αλήθεια**, όμως, είναι ότι δε μου αρέσει και τόσο πολύ να γράφω.
Ερνέστο:	Και τι σ' αρέσει να κάνεις;
Κάρλος:	Μου αρέσουν πολύ οι **κατασκευές**. Θα μπορούσα να γίνω **μηχανικός**.
Ερνέστο:	**Ενδιαφέρον** ακούγεται! Τι θα 'θελες να **κατασκευάζεις**; **Γέφυρες**; **Κτήρια**;
Κάρλος:	Τα πάντα! Ακόμα κι **αεροπλάνα**! Αλλά περισσότερο απ' όλα θα μου άρεσε να **σχεδιάζω** και να κατασκευάζω μεγάλα κτήρια.
Ερνέστο:	Ε, τότε πρέπει να αποφασίσεις αν θέλεις να γίνεις **αρχιτέκτονας** ή **πολιτικός μηχανικός**.
Κάρλος:	Ναι. Και **προγραμματιστής** θα μου άρεσε. Λατρεύω τους **υπολογιστές**! Πολλά θα μου άρεσαν. Γι' αυτό σου λέω, δεν ξέρω ακόμα τι θέλω να γίνω.
Ερνέστο:	Ο Πάμπλο τι θέλει να γίνει;
Κάρλος:	Ο αδελφός μου; **Σεφ**! Το έχει αποφασίσει εδώ και πολύ καιρό. Θέλει, λέει, να ανοίξει ένα μεγάλο **εστιατόριο** στο **κέντρο** της πόλης.
Ερνέστο:	Ωραία! Θα πηγαίνουμε και θα τρώμε **δωρεάν**!

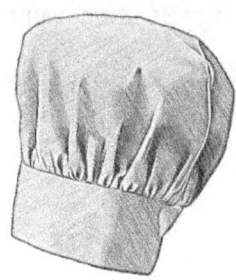

Carlos:	Ja ja... **Veremos**. **Hasta ahora**, todas las veces que trató de **ayudar** a mamá en la **cocina**, **metió la pata**. La comida quedó **incomible**.
Ernesto:	Bueno, **espera**, **aún** es pequeño. **Aprenderá**.
Carlos:	¿Tu primo no trabaja en un restaurante?
Ernesto:	Sí, pero no es chef. Es **camarero**. **Y eso**, **solamente en verano**. **Estudia traducción** al mismo tiempo.
Carlos:	¡Mi tía es **traductora**! Dice que es una profesión muy **agradable**. Adora su **trabajo**. Me ha dicho que aprende algo nuevo con cada **texto** que **traduce**.
Ernesto:	No sé... Me da la **impresión** de que es un trabajo **agotador**.
Carlos:	**Casi todos** lo son.
Ernesto:	Sí, tienes razón. Por eso tenemos que buscar algo que nos guste de verdad, para que el trabajo se haga con placer.
Carlos:	Exactamente. Menos mal que todavía nos queda mucho tiempo para decidir.
Ernesto:	Sí, ¡menos mal!

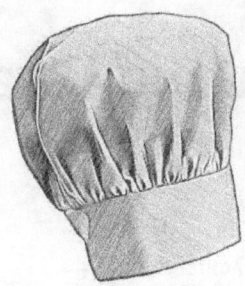

Κάρλος:	Χα χα! **Θα δούμε**. **Μέχρι τώρα**, όσες φορές πήγε να **βοηθήσει** τη μαμά στην **κουζίνα**, **τα έκανε θάλασσα**. Το φαγητό **δεν τρωγόταν**!
Ερνέστο:	Ε, **περίμενε**, **ακόμα** μικρός είναι. **Θα μάθει**.
Κάρλος:	Ο ξάδελφός σου δε δουλεύει σε εστιατόριο;
Ερνέστο:	Ναι, αλλά δεν είναι σεφ. Είναι **σερβιτόρος**. **Κι αυτό, μόνο τα καλοκαίρια**. Σπουδάζει μετάφραση παράλληλα.
Κάρλος:	Η θεία μου είναι **μεταφράστρια**! Λέει ότι είναι πολύ **ευχάριστο** επάγγελμα. Λατρεύει τη **δουλειά** της. Μου έχει πει ότι με κάθε **κείμενο** που **μεταφράζει**, μαθαίνει και κάτι καινούριο.
Ερνέστο:	Δεν ξέρω... Έχω την **εντύπωση** ότι είναι πολύ **κουραστική** δουλειά.
Κάρλος:	**Οι περισσότερες** είναι.
Ερνέστο:	Ναι, δίκιο έχεις. Γι' αυτό πρέπει να βρούμε κάτι που να μας αρέσει πραγματικά, ώστε η δουλειά να γίνεται ευχάριστα.
Κάρλος:	Ακριβώς. Ευτυχώς έχουμε ακόμα πολύ καιρό να αποφασίσουμε.
Ερνέστο:	Ναι, ευτυχώς!

VOCABULARIO – ΛΕΞΙΛΟΓΙΟ

quieres ser = θέλεις να γίνεις	
cuando seas grande = όταν μεγαλώσεις	
he decidido = έχω αποφασίσει	*ρ.:* decidir todavía no he decidido = δεν έχω αποφασίσει ακόμα
a lo mejor = μάλλον	*συν.:* probablemente
el veterinario = ο κτηνίατρος	el veterinario – la veterinaria
de veras = αλήθεια, πράγματι	*συν.:* de verdad
¿y eso? = πώς κι έτσι;	
adoro = λατρεύω	
los animales = τα ζώα	*ενικ.:* el animal
el fútbol = το ποδόσφαιρο	
el futbolista = ο ποδοσφαιριστής	*συν.:* el jugador de fútbol
difícil = δύσκολος, -η	
no me importa = δεν με πειράζει	*ρ.:* importar
no me asusta = δεν με φοβίζει, δεν με τρομάζει	*ρ.:* asustar = φοβίζω, τρομάζω (κάποιον) *συν.:* dar miedo
las dificultades = δυσκολίες	*ενικ.:* la dificultad
es verdad = είναι αλήθεια	la verdad = πράγματι
la competencia = ο ανταγωνισμός	
no tengo idea = δεν έχω ιδέα	
claro = ξεκάθαρο, σαφές	lo tengo claro = το έχω ξεκάθαρο, μου είναι ξεκάθαρο
el abogado = ο δικηγόρος	*θηλ..:* la abogada
constantemente = συνεχώς	*επίσης:* constantemente = σταθερά *επίθ.:* constante = σταθερός, -ή

estresado = αγχωμένος	estresado – estresada
interminables = ατέλειωτοι, -ες	ενικ.: interminable
el despacho = το γραφείο *(το μέρος, όχι το έπιπλο)*	
la profesión = το επάγγελμα	
al mismo tiempo = παράλληλα, την ίδια στιγμή	mismo – misma = ίδιος – ίδια el tiempo = ο καιρός
el periodista = ο δημοσιογράφος	θηλ.: la periodista *(το ίδιο με το αρσενικό, μόνο το άρθρο αλλάζει)*
lo estoy pensando = το σκέφτομαι	
la verdad es que... = η αλήθεια είναι ότι ...	
las construcciones = οι κατασκευές	ενικ.: la construcción
el ingeniero = ο μηχανικός	θηλ.: la ingeniera
interesante = ενδιαφέρων, -ουσα	suena interesante = ακούγεται ενδιαφέρον
construir = κατασκευάζω	
los puentes = οι γέφυρες	ενικ.: el puente
los edificios = τα κτήρια	ενικ.: el edificio
los aviones = τα αεροπλάνα	ενικ.: el avión
diseñar = σχεδιάζω	el diseño = το σχέδιο
el arquitecto = ο αρχιτέκτονας	θηλ.: la arquitecta
el ingeniero civil = ο πολιτικός μηχανικός	θηλ.: la ingeniera civil
el programador = ο προγραμματιστής	θηλ.: la programadora
los ordenadores = οι υπολογιστές	ενικ.: el ordenador Λατ. Αμερ.: la computadora, el computador
el chef = ο σεφ	
el restaurante = το εστιατόριο	
el centro = το κέντρο	
gratis = δωρεάν	

veremos = θα δούμε	ρ.: ver = βλέπω
hasta ahora = μέχρι τώρα	
ayudar = βοηθώ	
la cocina = η κουζίνα	
metió la pata = έκανε γκάφα, τα έκανε θάλασσα	έκφραση: meter la pata = κάνω γκάφα, τα θαλασσώνω
incomible = που δεν τρώγεται	ρ.: comer = τρώω
espera = περίμενε	ρ.: esperar = περιμένω επίσης: esperar = ελπίζω
aún = ακόμα	
aprenderá = θα μάθει	ρ.: aprender = μαθαίνω
el camarero = ο σερβιτόρος	θηλ.: la camarera Λατ. Αμερ.: el mesero – la mesera
y eso, solamente en verano = κι αυτό, μόνο το καλοκαίρι	
estudia = σπουδάζει	ρ.: estudiar = σπουδάζω, μελετώ
la traducción = η μετάφραση	
la traductora = η μεταφράστρια	el traductor = ο μεταφραστής
agradable = ευχάριστος, -η	
el texto = κείμενο	
traduce = μεταφράζει	ρ.: traducir = μεταφράζω
la impresión = η εντύπωση	me da la impresión de que... = tengo la impresión de que... = έχω την εντύπωση ότι ...
agotador = εξαντλητικός, κουραστικός	agotador – agotadora
casi todos = σχεδόν όλοι	casi todos – casi todas

NOTAS – ΣΗΜΕΙΩΣΕΙΣ

EJERCICIOS – ΑΣΚΗΣΕΙΣ

1. ¿Verdadero o falso? – Σωστό ή λάθος;

		Verdadero	Falso
a.	Ernesto ha decidido ser veterinario.	☐	☐
b.	Ernesto adora los animales.	☐	☐
c.	Carlos dice que la veterinaria es difícil.	☐	☐
d.	En el fútbol, hay mucha competencia.	☐	☐
e.	Carlos quiere ser abogado como su padre.	☐	☐
f.	El padre de Carlos está siempre estresado.	☐	☐
g.	Carlos ha decidido ser arquitecto o ingeniero civil.	☐	☐
h.	Pablo quiere ser chef.	☐	☐
i.	El primo de Ernesto es chef en un restaurante.	☐	☐
j.	La tía de Carlos es traductora.	☐	☐

2. Une las palabras en la izquierda con su opuesto en la derecha. – Ταίριαξε τις λέξεις στα αριστερά με το αντίθετό τους στα δεξιά.

a.	difícil	viejo
b.	grande	la mentira
c.	divertido	cerrar
d.	la dificultad	desafortunadamente
e.	la verdad	fácil
f.	muchos	desagradable
g.	abrir	aburrido
h.	agradable	la facilidad
i.	nuevo	ninguna
j.	todas	pequeño
k.	menos mal	pocos

3. Completa los espacios en blanco. – Συμπλήρωσε τα κενά.

> *ordenadores - pata - decidido - ser - restaurante - agotador - prefiero - mismo - divertido - horas*

a. Cuando sea grande, quiero _____ veterinario.

b. _____ ser futbolista que arquitecto.

c. El fútbol profesional es _____, pero difícil.

d. Mi papá pasa _____ interminables en su despacho.

e. Me gustaría ser programador porque amo los _____.

f. Pablo quiere ser chef y abrir un _____.

g. Cada vez que Pablo ayuda en la cocina, mete la _____.

h. Mi prima es camarera y al _____ tiempo estudia arquitectura.

i. Aún no he _____ lo que quiero estudiar.

j. Pienso que la traducción es un trabajo _____.

4. Selecciona la respuesta correcta. – Διάλεξε τη σωστή απάντηση.

a. Carlos no quiere ser:

   i. programador
   ii. arquitecto
   iii. abogado
   iv. ingeniero civil

b. Pablo quiere ser:

   i. veterinario
   ii. futbolista
   iii. periodista
   iv. chef

c. La madre de Carlos y Pablo es:

   i. chef
   ii. periodista
   iii. traductora
   iv. veterinaria

d. Carlos:

   i. no ha decidido qué quiere ser cuando sea grande
   ii. ha decidido ser ingeniero
   iii. quiero abrir un restaurante en Valencia
   iv. quiere ser periodista como su padre

Fin del 8.º capítulo

¡Excelente!

RESPUESTAS A LOS EJERCICIOS – ΛΥΣΕΙΣ ΤΩΝ ΑΣΚΗΣΕΩΝ

1. a. Falso, b. Verdadero, c. Verdadero, d. Verdadero, e. Falso,
   f. Verdadero, g. Falso, h. Verdadero, i. Falso, j. Verdadero

2. a. difícil – fácil, b. grande – pequeño, c. divertido – aburrido,
   d. la dificultad – la facilidad, e. la verdad – la mentira,
   f. muchos – pocos, g. abrir – cerrar,
   h. agradable – desagradable, i. nuevo – viejo,
   j. todas – ninguna, k. menos mal – desafortunadamente

3. a. ser, b. Prefiero, c. divertido, d. horas, e. ordenadores,
   f. restaurante, g. pata, h. mismo, i. decidido, j. agotador

4. a. iii. abogado
   b. iv. chef
   c. ii. periodista
   d. i. no ha decidido qué quiere ser cuando sea grande

Capítulo 9

¡Tenemos perro!

Pablo: Carlos, **se acerca** nuestro **cumpleaños**.

Carlos: Sí, hace días que estoy pensando qué regalo **pedir** a mamá y papá.

Pablo: Yo **pienso pedir** una **bici**.

Carlos: Pero tienes bici. **Igual** que yo.

Pablo: ¡Ya está **oxidada**! Además, ya **me queda muy pequeña**. La tuya también es pequeña y bastante **vieja**.

Carlos: No me importa. Yo no quiero bici.

Pablo: ¿Y qué quieres?

Carlos: ¡Un perro!

Pablo: ¿Qué? ¿Un perro? ¡Qué idea más genial!

Carlos: Sí, pero ¿me lo comprarán?

Pablo: Si lo pedimos juntos, **tal vez** nos lo compren.

Carlos: ¿Quieres decir un regalo **para los dos**? ¿Y la bici?

Pablo: La bici, **el año que viene**. Un **cachorro** es mucho más divertido.

Κεφάλαιο 9

Έχουμε σκύλο!

Πάμπλο: Κάρλος, **πλησιάζουν** τα **γενέθλιά** μας.

Κάρλος: Ναι, έχω μέρες που σκέφτομαι τι δώρο να **ζητήσω** απ' τη μαμά και τον μπαμπά.

Πάμπλο: Εγώ **λέω να ζητήσω** ένα ποδήλατο.

Κάρλος: Μα έχεις ποδήλατο. **Όπως** κι εγώ.

Πάμπλο: **Έχει σκουριάσει!** Κι επίσης **μου πέφτει πολύ μικρό**. Και το δικό σου είναι μικρό και αρκετά **παλιό**.

Κάρλος: Δε με νοιάζει. Εγώ δε θέλω ποδήλατο.

Πάμπλο: Και τι θέλεις;

Κάρλος: Σκύλο!

Πάμπλο: Τι; Σκύλο; Τι τέλεια ιδέα!

Κάρλος: Ναι αλλά θα μου τον πάρουν;

Πάμπλο: Αν τον ζητήσουμε μαζί, ίσως μας τον πάρουν.

Κάρλος: Δηλαδή ένα δώρο **και για τους δυο μας**; Και το ποδήλατο;

Πάμπλο: **Του χρόνου** το ποδήλατο. Ένα κουτάβι είναι πολύ πιο διασκεδαστικό.

Carlos: Sí, pero no es solo diversión, es también una gran **responsabilidad**. ¿Quién **limpiará** cada vez que haga sus **necesidades** dentro de la casa?

Pablo: ¡Mamá!

Carlos: ¿Y quién lo llevará al **veterinario** cuando sea **necesario**?

Pablo: Mamá.

Carlos: ¿Y nosotros qué haremos? ¿Solamente jugaremos con él?

Pablo: No solo eso. También lo llevaremos de **paseo**.

Carlos: ¿Todos los días?

Pablo: ¡Sí! **Un día tú, un día yo**. O **ambos** juntos. También le **daremos de comer**.

Carlos: ¿Y quién le comprará comida?

Pablo: Eeh... Mamá

Carlos: Muchas cosas tendrá que hacer mamá. No creo que **acepte** comprarnos un perro. **A menos que** le **prometamos** que limpiaremos nosotros cuando el cachorro **haga pis** o llene la casa de **pelos**, que compraremos nosotros su comida...

Pablo: ¿Con qué **dinero**?

Carlos: ¡Le pediremos a papá!

Pablo: Me parece bien. **Intentémoslo**.

Κάρλος: Ναι αλλά δεν είναι μόνο διασκέδαση, είναι και μεγάλη **ευθύνη**. Ποιος θα **καθαρίζει** όποτε κάνει την **ανάγκη** του μες στο σπίτι;

Πάμπλο: Η μαμά!

Κάρλος: Και ποιος θα τον πηγαίνει στον **κτηνίατρο** όταν **χρειάζεται**;

Πάμπλο: Η μαμά.

Κάρλος: Κι εμείς τι θα κάνουμε; Μόνο θα παίζουμε μαζί του;

Πάμπλο: Όχι μόνο αυτό. Θα τον πηγαίνουμε και **βόλτα**.

Κάρλος: Κάθε μέρα;

Πάμπλο: Ναι! **Μια εσύ, μια εγώ**. Ή **και οι δύο** μαζί. Επίσης θα τον **ταΐζουμε**.

Κάρλος: Και ποιος θα αγοράζει το φαγητό του;

Πάμπλο: Χμμμ.... Η μαμά.

Κάρλος: Πολλά πράγματα θα πρέπει να κάνει η μαμά. Δε νομίζω να **δεχτεί** να μας πάρει σκύλο. **Εκτός αν** της **υποσχεθούμε** ότι θα καθαρίζουμε εμείς όταν **κατουράει** ή γεμίζει το σπίτι **τρίχες**, ότι θα αγοράζουμε εμείς το φαγητό του, ...

Πάμπλο: Με τι **λεφτά**;

Κάρλος: Θα ζητάμε από τον μπαμπά!

Πάμπλο: Εντάξει. **Ας προσπαθήσουμε**.

Tres meses después
...

Pablo: Carlos, ¿vas a llevar al perro de paseo?

Carlos: **No tengo ganas.** Llévalo tú.

Pablo: No puedo, **me duele** el pie.

Carlos: ¿Por qué? ¿**Te lo golpeaste**?

Pablo: Sí.

Carlos: ¿Dónde?

Pablo: En **la mesita** del salón.

Carlos: **¡Mentira!**

Pablo: **Te estoy diciendo la verdad.** Me duele.

Carlos: ¿Le diste de comer?

Pablo: No, me olvidé.

Carlos: ¡Yo también! **¡Debe tener hambre!**

Pablo: Seguro. ¿Lo sacamos hoy a hacer pis?

Carlos: Yo no. ¿Tú?

Pablo: **Yo tampoco.** ¡Te he dicho que me duele el pie!

Carlos: ¿Pero cuándo te lo golpeaste?

Pablo: **No me acuerdo.**

Carlos: Ah, no te acuerdas. Buena **excusa**.

Mamá: Chicos, vuestro cachorro hizo pis en la cocina. Ya limpié. Le di agua y comida, y ahora **estoy por** llevarlo de paseo. Solo una cosa os voy a decir: el año que viene, ¡olvidaros de la bicicleta!

Τρεις μήνες αργότερα

...

Πάμπλο: Κάρλος, θα πας τον σκύλο βόλτα;

Κάρλος: **Δεν έχω όρεξη**. Πήγαινέ τον εσύ.

Πάμπλο: Δεν μπορώ, **πονάει** το πόδι μου.

Κάρλος: Γιατί; Το **χτύπησες**;

Πάμπλο: Ναι.

Κάρλος: Πού;

Πάμπλο: Στο **τραπεζάκι** του σαλονιού.

Κάρλος: **Ψευτιές**!

Πάμπλο: **Αλήθεια σου λέω**. Πονάω.

Κάρλος: Φαγητό τού έδωσες;

Πάμπλο: Όχι, ξέχασα.

Κάρλος: Κι εγώ! **Θα πεινάει**!

Πάμπλο: Σίγουρα. Τον βγάλαμε έξω για να κατουρήσει σήμερα;

Κάρλος: Εγώ όχι. Εσύ;

Πάμπλο: **Ούτε εγώ**. Πονάει το πόδι μου, σου λέω!

Κάρλος: Μα πότε το χτύπησες;

Πάμπλο: **Δε θυμάμαι**.

Κάρλος: Α, δε θυμάσαι. Ωραία **δικαιολογία**.

Μαμά: Παιδιά, το κουτάβι σας κατούρησε στην κουζίνα. Καθάρισα ήδη. Του έβαλα φαΐ και νερό, και τώρα **ετοιμάζομαι να** το πάω βόλτα. Μόνο ένα πράγμα έχω να σας πω: του χρόνου, να το ξεχάσετε το ποδήλατο!

ΛΕΞΙΛΟΓΙΟ – ΛΕΞΙΛΟΓΙΟ

se acercan = πλησιάζουν	ρ.: acercarse = πλησιάζω
el cumpleaños = τα γενέθλια	
pedir = to ask for, to request	
pienso pedir = σκέφτομαι να ζητήσω	
la bici = το ποδήλατο	σύντομη εκδοχή του la bicicleta
igual = ίδιος, ίδια	χρησιμοποιείται και ως επίρρημα, ως σύντομη εκδοχή του igualmente, όπως σ' αυτό το κείμενο igual que yo = το ίδιο μ' εμένα, όπως εγώ
oxidada = σκουριασμένη	oxidado – oxidada
pequeña = μικρή	pequeño – pequeña
me queda pequeña = μου πέφτει μικρή	me queda... = μου πέφτει el pantalón me queda largo = το παντελόνι μού πέφτει μακρύ
vieja = παλιά	viejo – vieja
no me importa = δεν με νοιάζει, δεν με ενδιαφέρει	
tal vez = ίσως	συν.: quizás
para los dos = και για τους δυο (μας)	
el año que viene = του χρόνου, την ερχόμενη χρονιά	
el cachorro = το κουτάβι	
la responsabilidad = η ευθύνη	
limpiará = θα καθαρίσει, θα καθαρίζει	ρ.: limpiar = καθαρίζω
cada vez que... = όποτε, κάθε φορά που ...	
las necesidades = οι ανάγκες	έκφραση: hacer (sus) necesidades hago mis necesidades = κάνω την ανάγκη μου
el veterinario = ο κτηνίατρος	θηλ.: la veterinaria
necesario = απαραίτητος	necesario – necesaria
el paseo = η βόλτα, ο περίπατος	
un día tú, un día yo = μια μέρα εσύ, μια μέρα εγώ	
ambos = (αρσ.) και οι δύο	ambos – ambas
daremos de comer = θα ταΐζουμε, θα ταΐσουμε	dar de comer = ταΐζω

que acepte = να δεχτεί	ρ.: aceptar = δέχομαι
a menos que… = εκτός αν …	
a menos que prometamos = εκτός αν υποσχεθούμε	ρ.: prometer = υπόσχομαι
cuando haga pis = όταν κατουράει	hacer pis = κατουρώ συν.: mear, orinar
los pelos = οι τρίχες	ενικ.: el pelo = η τρίχα, τα μαλλιά
el dinero = τα λεφτά, τα χρήματα	
intentémoslo = ας το προσπαθήσουμε	ρ.: intentar = προσπαθώ
no tengo ganas = δεν έχω όρεξη, δεν έχω κέφι	
duele = πονάει	ρ.: doler = πονάω
¿te lo golpeaste? = το χτύπησες;	ρ.: golpear = χτυπάω (κάτι) golpearse la mano = χτυπάω το χέρι μου golpearse *(χωρίς αντικείμενο)* = χτυπάω *(αμετάβατο ρήμα)* me golpeé = χτύπησα ¿te golpeaste? = χτύπησες;
la mesita = το τραπεζάκι	υποκοριστικό του la mesa = το τραπέζι
la mentira = το ψέμα	mentir = ψεύδομαι no mientas = no digas mentiras = μη λες ψέματα
te estoy diciendo la verdad = σου λέω την αλήθεια	decir la verdad = λέω την αλήθεια la verdad = η αλήθεια
debe tener hambre = πρέπει να πεινάει	tener hambre = πεινάω el hambre = η πείνα
yo también = κι εγώ επίσης	
yo tampoco = ούτε εγώ	
no me acuerdo = δεν θυμάμαι	ρ.: acordarse (de algo) = θυμάμαι
la excusa = η δικαιολογία	

estoy por = ετοιμάζομαι να …	ρ.: estar por (hacer algo) =
	  estar para (hacer algo) =
	  me estoy preparando para hacer algo = ετοιμάζομαι να (κάνω κάτι)

NOTAS – ΣΗΜΕΙΩΣΕΙΣ

EJERCICIOS – ΑΣΚΗΣΕΙΣ

1. ¿Verdadero o falso? – Σωστό ή λάθος;

		Verdadero	**Falso**
a.	Carlos quiere una bicicleta para su cumpleaños.	☐	☐
b.	Las bicicletas de Carlos y Pablo son muy pequeñas.	☐	☐
c.	Pablo y Carlos pedirán a su madre que les compre un perro.	☐	☐
d.	Cuando el cachorro haga sus necesidades dentro de la casa, Carlos limpiará.	☐	☐
e.	Pablo y Carlos llevarán al cachorro de paseo.	☐	☐
f.	Los niños pedirán dinero a su madre para comprar comida para el perro.	☐	☐
g.	El año que viene, mamá y papá comprarán bicicletas a los niños para su cumpleaños.	☐	☐
h.	Los niños no tienen ganas de llevar al perro de paseo.	☐	☐

2. Pon las palabras en plural. – Βάλε τις λέξεις στον πληθυντικό..

a. el regalo _____

b. la bicicleta _____

c. el perro _____

d. la responsabilidad _____

e. la casa _____

f. el veterinario _____

g. el paseo _____

h. el pelo _____

i. el pie _____

j. la mesita _____

3. Pon los verbos en primera persona del singular, en presente. – Βάλε τα ρήματα στο πρώτο πρόσωπο του ενικού, στον ενεστώτα.

a. tenemos _____

b. se acerca _____

c. pedir _____

d. se ha oxidado _____

e. comprarán _____

f. limpiará _____

g. llevará _____

h. haremos _____

i. jugaremos _____

j. intentemos _____

k. daremos _____

l. golpeaste _____

m. diste _____

n. olvidé _____

o. debe _____

p. hizo pis _____

4. Completa los espacios en blanco. – Συμπλήρωσε τα κενά.

> *ganas - olvidamos - tú - está - responsabilidad - acuerda - pedir - excusa - todos - golpeé*

a. Pienso _____ una bici para mi cumpleaños.

b. Mi bicicleta es muy _____, está oxidada.

c. Un perro no es solo diversión, también es una gran _____.

d. Hay que llevar al perro de paseo _____ los días.

e. No tengo _____ de llevar al perro de paseo, llévalo _____.

f. Me duele el pie porque me lo _____.

g. Pablo no se _____ de cuándo se golpeó el pie.

h. Nos _____ de darle al perro de comer, debe tener hambre.

i. La verdad es que Pablo no se golpeó el pie, es una _____.

j. Mamá dio al perro de comer y ahora _____ por llevarlo de paseo.

5. Selecciona la respuesta correcta. – Διάλεξε τη σωστή απάντηση.

a. La bicicleta de Pablo:

   i. es muy grande y vieja
   ii. es muy pequeña y está oxidada
   iii. es muy pequeña, pero divertida
   iv. es bastante grande, pero está oxidada

b. Carlos y Pablo pedirán para su cumpleaños:

   i. una bicicleta
   ii. dos bicicletas
   iii. un cachorro
   iv. una bici y un cachorro

c. Carlos y Pablo:

   i. llevan al perro de paseo todos los días
   ii. dan al perro de comer todos los días
   iii. limpian cuando el perro hace sus necesidades dentro de la casa
   iv. no tienen ganas de llevar al perro de paseo

d. Pablo:

   i. se golpeó la mano
   ii. se golpeó el pie
   iii. no se golpeó
   iv. dio al perro de comer

Fin del 9.º capítulo

¡Enhorabuena!

RESPUESTAS A LOS EJERCICIOS – ΛΥΣΕΙΣ ΤΩΝ ΑΣΚΗΣΕΩΝ

1. a. Falso, b. Verdadero, c. Verdadero, d. Falso, e. Verdadero,
   f. Falso, g. Falso, h. Verdadero

2. a. los regalos, b. las bicicletas, c. los perros,
   d. las responsabilidades, e. las casas, f. los veterinarios,
   g. los paseos, h. los pelos, i. los pies, j. las mesitas

3. a. (yo) tengo, b. me acerco, c. pido, d. me oxido, e. compro
   f. limpio, g. llevo, h. hago, i. juego, j. intento, k. doy, l. golpeo,
   m. doy, n. olvido, o. debo, p. hago pis

4. a. pedir, b. vieja, c. responsabilidad, d. todos, e. ganas, tú,
   f. golpeé, g. acuerda, h. olvidamos, i. excusa, j. está

5. a. ii. es muy pequeña y está oxidada
   b. iii. un cachorro
   c. iv. no tienen ganas de llevar al perro de paseo
   d. iii. no se golpeó

Capítulo 10

La televisión

Mamá: **¡Son las ocho**! Empieza mi **serie** favorita.

Papá: ¡Uy, no! Hoy es el **partido de fútbol**.

Mamá: Mi serie **dura** solo media horita. **Mira** fútbol **después**.

Papá: ¿Y **perder** el **inicio** del partido?

Mamá: Eh, bueno, ¿**qué podemos hacer**? No quiero perderme el **capítulo** de hoy, es **importante**. Hoy vamos a saber quién es el padre **verdadero** de Rocío.

Papá: ¿Quién es Rocío?

Mamá: **¡La protagonista**! Te he hablado tantas veces de esta serie. ¿No te acuerdas **ni siquiera** del nombre de la protagonista? Me parece que **no me prestas atención** cuando te hablo.

Papá: Solamente cuando hablas de tus series no presto atención.

Mamá: ¡Entonces **lo confiesas**!

Pablo: ¡Son las ocho! ¡Ya empieza!

Mamá: ¿Qué empieza?

Carlos: Batman.

Papá: ¿Cómo que Batman? ¡Olvidadlo! Quiero ver el partido.

Pablo: Pero hace una semana que estamos esperando para ver Batman.

Papá: Y hace una semana que yo estoy esperando el partido. Veámoslo juntos. Si a vosotros también os gusta el fútbol.

Carlos: Preferimos Batman.

Κεφάλαιο 10

Η τηλεόραση

Μαμά: **Είναι οχτώ η ώρα**! Αρχίζει η αγαπημένη μου **σειρά**.

Μπαμπάς: Α, όχι! Σήμερα έχει **ποδόσφαιρο**.

Μαμά: Η σειρά μου **κρατάει** μόνο μισή ώρα. **Δες** ποδόσφαιρο **αργότερα**.

Μπαμπάς: Και να **χάσω** την **αρχή** του ματς;

Μαμά: Ε, **τι να κάνουμε**; Δε θέλω να χάσω το σημερινό **επεισόδιο**, είναι **σημαντικό**. Σήμερα θα μάθουμε ποιος είναι ο **πραγματικός** πατέρας της Ροθίο.

Μπαμπάς: Ποια είναι η Ροθίο;

Μαμά: Η **πρωταγωνίστρια**! Σου έχω μιλήσει τόσες φορές γι' αυτό το σήριαλ. Δε θυμάσαι **ούτε καν** το όνομα της πρωταγωνίστριας; Μου φαίνεται ότι **δε με προσέχεις** όταν σου μιλάω!

Μπαμπάς: Μόνο όταν μιλάς για τις σειρές σου δεν προσέχω.

Μαμά: Ώστε **το παραδέχεσαι**!

Πάμπλο: Οχτώ η ώρα! Αρχίζει!

Μαμά: Τι αρχίζει;

Κάρλος: Ο Μπάτμαν.

Μπαμπάς: Τι ο Μπάτμαν; Ξεχάστε το! Θέλω να δω το ματς.

Πάμπλο: Μα έχουμε μια βδομάδα που περιμένουμε να δούμε Μπάτμαν.

Μπαμπάς: Κι εγώ έχω μια βδομάδα που περιμένω τον αγώνα. Ας τον δούμε μαζί. Αφού κι εσάς σας αρέσει το ποδόσφαιρο.

Κάρλος: Προτιμάμε Μπάτμαν.

Mamá: ¡No me gusta que miréis **películas de terror**!

Pablo: ¿Batman, película de terror? ¿Qué dices, mami? **Nada que ver**. Es de **aventura**.

Carlos: Sí, aventura. También se podría llamar **película de misterio**.

Mamá: **Sea lo que sea**, la podéis ver **en otro momento**.

Papá: Tengo una idea: **grabar** Batman y verlo mañana.

Pablo: Buena idea. Yo estoy de acuerdo.

Carlos: Yo también estoy de acuerdo.

Mamá: Buenísimo. Vosotros estáis de acuerdo. ¿A mí no me pregunta nadie?

Pablo: Pero, mami, tu serie es muy **aburrida**. Hace dos meses que esperas para ver quién es el padre de esa Rocío. Además, para ser **comedia**, no es nada **graciosa**.

Μαμά: Δε μ' αρέσει να βλέπετε **ταινίες τρόμου**!

Πάμπλο: Ταινία τρόμου ο Μπάτμαν; Τι λες, μανούλα; **Καμία σχέση. Περιπέτεια** είναι.

Κάρλος: Ναι, περιπέτεια. Θα μπορούσες να την πεις και **ταινία μυστηρίου**.

Μαμά: **Ό,τι και να είναι**, μπορείτε να τη δείτε **άλλη φορά**.

Μπαμπάς: Έχω μια ιδέα: να **γράψουμε** τον Μπάτμαν και να τον δείτε αύριο.

Πάμπλο: Καλή ιδέα. Εγώ συμφωνώ.

Κάρλος: Κι εγώ συμφωνώ.

Μαμά: Ωραία. Εσείς συμφωνείτε. Εμένα δεν με ρωτάει κανείς;

Πάμπλο: Μα, μανούλα, η σειρά σου είναι πολύ **βαρετή**. Εδώ και δυο μήνες περιμένεις να μάθεις ποιος είναι ο μπαμπάς αυτής της Ροθίο. Επίσης, για **κωμωδία**, δεν είναι καθόλου **αστεία**.

Mamá: ¡No es comedia! ¡Es **drama**! Casi nunca veo series **dramáticas** o películas dramáticas, pero esta serie es una **excepción**. Es muy interesante y tiene muy buenos **actores**.

Carlos: ¿Y si la grabas tú también y la miras mañana?

Mamá: **Imposible. Primero**, dijisteis que vais a grabar Batman. No podemos grabar dos cosas al mismo tiempo. **Segundo**, mañana darán el capítulo siguiente. Quiero ver el capítulo de hoy antes de mañana.

Pablo: Mamá, somos tres y tú eres una. **Ganamos** nosotros.

Mamá: ¿Ah, sí? ¿Ganáis vosotros? A la mañana os preparo el desayuno y os llevo a la escuela, luego voy al trabajo, vuelvo **muerta** de cansancio, cocino, recojo y limpio la casa, pongo la **lavadora** si necesario... Media horita quiero para descansar, mirando mi serie favorita. **¿Es mucho pedir?**

Papá: **Chavales**, creo que mamá tiene razón.

Carlos: Vale, veamos el partido cuando termine la serie.

Pablo: Y mañana Batman.

Papá: **Trato hecho**. Pero creo que **pronto** vamos a tener que comprar un segundo **televisor**.

Μαμά:	Δεν είναι κωμωδία! Είναι **δράμα**! Σχεδόν ποτέ δε βλέπω **δραματικές** σειρές ούτε δραματικές ταινίες αλλά αυτή η σειρά αποτελεί **εξαίρεση**. Είναι πολύ ενδιαφέρουσα και με πολύ καλούς **ηθοποιούς**.
Κάρλος:	Μήπως να τη γράψεις κι εσύ και να τη δεις αύριο;
Μαμά:	**Δεν γίνεται. Πρώτον**, είπατε ότι θα γράψετε τον Μπάτμαν. Δεν μπορούμε να γράψουμε δυο πράγματα την ίδια στιγμή. **Δεύτερον**, αύριο θα βάλει το επόμενο επεισόδιο. Θέλω να προλάβω να δω το σημερινό.
Πάμπλο:	Μαμά, είμαστε τρεις και είσαι μία. **Νικάμε** εμείς.
Μαμά:	Α, ναι; Νικάτε; Το πρωί σάς ετοιμάζω πρωινό και σας πηγαίνω στο σχολείο, μετά πηγαίνω στη δουλειά, γυρίζω **ψόφια** στην κούραση, μαγειρεύω, **συμμαζεύω** και καθαρίζω το σπίτι, βάζω **πλυντήριο** αν χρειάζεται, … Μισή ωρίτσα θέλω να ξεκουραστώ βλέποντας το αγαπημένο μου σήριαλ. **Πολλά ζητάω**;
Μπαμπάς:	Παιδιά, νομίζω πως η μαμά έχει δίκιο.
Κάρλος:	Καλά, ας δούμε το ματς μόλις τελειώσει η σειρά.
Πάμπλο:	Και αύριο Μπάτμαν.
Μπαμπάς:	**Έγινε**. Πάντως νομίζω ότι πρέπει **σύντομα** να πάρουμε δεύτερη **τηλεόραση**.

VOCABULARIO – ΛΕΞΙΛΟΓΙΟ

son las ocho = είναι οχτώ η ώρα

la serie = η σειρά, το σήριαλ

el partido = το ματς, ο αγώνας

el fútbol = το ποδόσφαιρο

dura = διαρκεί — *ρ.:* durar = διαρκώ

mira = *(προστακτική)* κοίτα — *ρ.:* mirar = κοιτάω

después = μετά

perder el inicio del partido = χάνω την αρχή του ματς — *ρ.* perder = χάνω; el inicio = η αρχή

¿qué podemos hacer? = τι να κάνουμε;, τι μπορούμε να κάνουμε;

el capítulo = το επεισόδιο — *επίσης:* el capítulo = το κεφάλαιο (π.χ. ενός βιβλίου)

importante = σημαντικός, -ή

verdadero = πραγματικός, αληθινός — verdadero – verdadera

la protagonista = η πρωταγωνίστρια — el protagonista = ο πρωταγωνιστής

ni siquiera = ούτε καν

no me prestas atención = δεν μου δίνεις προσοχή, δεν με προσέχεις — prestar atención = προσέχω, δίνω προσοχή

lo confiesas = το παραδέχεσαι — *ρ.:* confesar = παραδέχομαι, ομολογώ

las películas de terror = οι ταινίες τρόμου — *ενικ.:* la película de terror

nada que ver = *(έκφραση)* καμία σχέση, τίποτα τέτοιο

la aventura = η περιπέτεια

la película de misterio = η ταινία μυστηρίο — el misterio = το μυστήριο

sea lo que sea = ό,τι και να είναι — sea como sea = όπως και να 'χει

en otro momento = κάποια άλλη στιγμή, άλλη φορά

grabar = καταγράφω, ηχογραφώ	
aburrida = βαρετή	aburrido – aburrida *συν.:* pesado – pesada = βαρετός – βαρετή *επίσης:* aburrido = βαριεστημένος
la comedia = κωμωδία	
graciosa = αστεία	gracioso – graciosa
el drama = το δράμα	
dramáticas = δραματικές	dramático – dramática la serie dramática = δραματική σειρά
la excepción = η εξαίρεση	
los actores = οι ηθοποιοί	*ενικ.:* el actor – la actriz *πληθ.:* los actores – las actrices
imposible = αδύνατος, -η, απίθανος, -η	
primero = καταρχάς, πρώτον	*και ως επίθετο:* primero = πρώτος
segundo = δεύτερον	*και ως επίθετο:* segundo = δεύτερος
ganamos = νικάμε	*ρ.:* ganar = νικάω, κερδίζω
muerta = ψόφια	muerto = πεθαμένος, νεκρός, ψόφιος *θηλ.:* muerta *(έκφραση)* muerto de cansancio = ψόφιος στην κούραση
recojo = συμμαζεύω	*ρ.:* recoger
la lavadora = το πλυντήριο	poner (la) lavadora = βάζω πλυντήριο
¿es mucho pedir? = πολλά ζητάω;	*συν.:* ¿pido mucho?
trato hecho = έγινε *(με την έννοια του «συμφωνούμε»)*	el trato = συμφωνία
chavales = *(καθομιλουμένη)* παιδιά	*ενικ.:* el chaval
pronto = *(επίρ.)* σύντομα	
el televisor = η τηλεόραση (η συσκευή)	la televisión = η τηλεόραση (τα προγράμματα)

NOTAS – ΣΗΜΕΙΩΣΕΙΣ

EJERCICIOS – ΑΣΚΗΣΕΙΣ

1. ¿Verdadero o falso? – Σωστό ή λάθος;

		<u>Verdadero</u>	<u>Falso</u>
a.	El partido de fútbol empieza a las ocho.	☐	☐
b.	Rocío es la protagonista en la serie de mamá.	☐	☐
c.	Papá quiere ver Batman con los niños.	☐	☐
d.	Los niños prefieren el partido de fútbol a Batman.	☐	☐
e.	Hace un mes que los niños esperan para ver Batman.	☐	☐
f.	Mamá piensa que Batman es una película de terror.	☐	☐
g.	Pablo piensa que la serie de mamá es aburrida.	☐	☐
h.	Cada capítulo de la serie de mamá dura una hora.	☐	☐
i.	Papá verá solamente la mitad del partido.	☐	☐
j.	Papá va a grabar el partido y Batman.	☐	☐

2. Pon los verbos en primera persona del singular, en presente. – Βάλε τα ρήματα στο πρώτο πρόσωπο του ενικού, στον ενεστώτα.

a. empieza _____

b. dura _____

c. mira _____

d. perder _____

e. sabremos _____

f. he hablado _____

g. te acuerdas _____

h. prestas atención _____

i. olvidad _____

j. esperamos _____

k. preferimos _____

l. grabar _____

m. preguntado _____

n. dijisteis _____

o. ganáis _____

p. descansar _____

q. hecho _____

r. comprar _____

3. Selecciona la respuesta correcta. – Διάλεξε τη σωστή απάντηση.

a. Hoy a las ocho dan:

  i. el partido de fútbol
  ii. la serie de mamá
  iii. la película de Batman
  iv. todo lo anterior

b. La serie de mamá es:

  i. una comedia
  ii. un drama
  iii. graciosa
  iv. una serie de misterio

c. Papá:

  i. va a ver Batman con los niños
  ii. va a ver la serie junto con mamá
  iii. grabará la película de Batman
  iv. lleva a los niños a la escuela cada mañana

d. El partido de fútbol empieza:

  i. antes de la película de Batman
  ii. a la misma hora que Batman
  iii. antes de la serie de mamá
  iv. después de la serie de mamá

4. Pon las palabras en plural. – Βάλε τις λέξεις στον πληθυντικό.

a. la serie _____

b. el partido _____

c. el capítulo siguiente _____

d. la protagonista _____

e. la semana _____

f. el nombre _____

g. la actriz _____

h. la película de terror _____

i. la aventura _____

j. el misterio _____

k. la comedia _____

l. el drama _____

m. la excepción _____

n. el actor _____

o. el televisor _____

5. Pon las palabras en el orden correcto para formar frases. – Βάλε τις λέξεις στη σωστή σειρά για να φτιάξεις προτάσεις.

a. mi – seis – serie – favorita – a – empieza – las

b. el – hoy – es – de – padre – capítulo – de – quién – en – Rocío – sabremos – el

c. quiero – capítulo – no – es – porque – el – importante – perderme – de – hoy

d. los – papá – Batman – su – quiere – niños – fútbol – pero – ver – ver – quieren

e. para – mañana – película – grabar – voy – la – a – verla

f. | buenos – interesante – serie – muy – esta – es – muy – y – actores – tiene |
|---|
| |

g. | mirando – favorita – quiere – mamá – serie – su – descansar |
|---|
| |

h. | segundo – creo – un – debemos – televisor – que – comprar |
|---|
| |

Fin del 10.º capítulo

¡Lo lograste!

RESPUESTAS A LOS EJERCICIOS – ΛΥΣΕΙΣ ΤΩΝ ΑΣΚΗΣΕΩΝ

1. a. Verdadero, b. Verdadero, c. Falso, d. Falso, e. Falso,
   f. Verdadero, g. Verdadero, h. Falso, i. Verdadero, j. Falso

2. a. empiezo, b. duro, c. miro, d. pierdo, e. sé, f. hablo,
   g. me acuerdo, h. presto atención, i. olvido, j. espero,
   k. prefiero, l. grabo, m. pregunto, n. digo, o. gano,
   p. descanso, q. hago, r. compro

3. a. iv. todo lo anterior
   b. ii. un drama
   c. iii. grabará la película de Batman
   d. ii. a la misma hora que Batman

4. a. las series, b. los partidos, c. los capítulos siguientes,
   d. las protagonistas, e. las semanas, f. los nombres,
   g. las actrices, h. las películas de terror, i. las aventuras,
   j. los misterios, k. las comedias, l. los dramas,
   m. las excepciones, n. los actores, o. los televisores

5. a. Mi serie favorita empieza a las seis. / A las seis empieza mi serie favorita.
   b. En el capítulo de hoy sabremos quién es el padre de Rocío.
   c. No quiero perderme el capítulo de hoy porque es importante.
   d. Los niños quieren ver Batman, pero su papá quiere ver fútbol.
   e. Voy a grabar la película para verla mañana.
   f. Esta serie es muy interesante y tiene muy buenos actores.
   g. Mamá quiere descansar mirando su serie favorita.
   h. Creo que debemos comprar un segundo televisor.

www.ingramcontent.com/pod-product-compliance
Lightning Source LLC
Chambersburg PA
CBHW082123230426
43671CB00015B/2788